V&R

Martin H. Jung

Die Reformation

Theologen, Politiker, Künstler

Mit 9 Abbildungen

Vandenhoeck & Ruprecht

Bibliografische Information der Deutschen Nationalbibliothek
Die Deutsche Nationalbibliothek verzeichnet diese Publikation in der Deutschen Nationalbibliografie; detaillierte bibliografische Daten sind im Internet über http://dnb.d-nb.de abrufbar.

ISBN 978-3-525-55782-2

Umschlagabbildung: Anti-catholic allegory depicting Stephen Gardiner, Bishop of Winchester, 1556 (tempera on panel) by English School, 16th century, Private Collection/Photo © Christie's Images/The Bridgeman Art Library

Satz: OLD-Media OHG, Neckarsteinach.
Druck und Bindung: Ebner & Spiegel, Ulm.

Gedruckt auf alterungsbeständigem Papier.

Inhalt

Wegbereiter

Die Reformation ist nicht vom Himmel gefallen. Die Ideen, die im 16. Jahrhundert eine revolutionäre Kraft entfalteten, waren alle schon früher einmal gedacht worden. Veränderte Rahmenbedingungen und das Charisma von Männern wie Luther, Zwingli und Calvin verhalfen ihnen jedoch im 16. Jahrhundert zum Durchbruch. Der wichtigste Wegbereiter der Reformation, aber auch des Erneuerungsprozesses, der sich parallel dazu in der katholischen Kirche des 16. Jahrhunderts vollzog, war der Humanismus, eine schon im 14. Jahrhundert – mit Francesco Petrarca – beginnende Gelehrtenbewegung im Zeitalter der Renaissance. Der Humanismus wollte das „humanum“, das für den Menschen Wesentliche, zur Entfaltung bringen und griff dabei auf die christliche und vorchristliche Antike zurück. Humanistische Gelehrte wirkten in Italien, Spanien, Frankreich, England und Polen. Die für Deutschland wichtigste Gestalt ist Erasmus, der wegen seiner niederländischen Herkunft auch Erasmus von Rotterdam genannt wird.

Erasmus von Rotterdam

„Erasmus hat das Ei gelegt, das Luther ausgebrütet hat.“ Schon die Gegner der Reformation erhoben den Vorwurf, Erasmus sei Wegbereiter, ja Urheber der Reformation gewesen. Das trifft sicherlich insofern zu, als er beißende Kirchenkritik geübt und die Bibel auf neue Weise erschlossen hat.

Erasmus wurde im Jahre 1466 oder 1469 in Gouda oder in Rotterdam geboren. Genaues weiß man, wie bei vielen anderen berühmten Gestalten dieser Zeit, nicht, denn es gab noch keine Taufbücher und die Geburt von Kindern wurde nirgends festgehalten. Der Geburtstag war der 27. oder 28. Oktober, der Abend vor dem Simon-und-Judas-Tag, wie sich seine Eltern erinnerten und ihm mitteilten. Als Name wurde Erasmus gewählt, der Name eines Heiligen der Kirche. In seinem späteren Leben legte sich Erasmus selbst den Beinamen Desiderius bei, eine Übersetzung seines Namens ins Lateinische, sodass sich auch die Benennung Desiderius Erasmus eingebürgert hat. Wahrscheinlich wollte sich Erasmus mit diesem Beinamen auch mit einem aus der Geschichte bekannten Desiderius, dem Freund des von Humanisten geschätzten Kirchenvaters Hieronymus, in Beziehung setzen. Wörtlich meint der Name einen Menschen, der ein sehnsüchtiges Verlangen hat. Ein solches Verlangen hatte Erasmus immer nach Bildung, nach Kirchenreform und nach Frieden.

Erasmus war ein uneheliches Kind und überdies der Sohn eines Priesters und zeugt somit von den problematischen sittlichen Verhältnissen der Zeit, die neben anderen Punkten eine Ursache der Reformation bildeten, denn Priester waren zur Ehelosigkeit, zum Zölibat (lat. caelebs = allein lebend), verpflichtet und durften deshalb keine Kinder haben. Doch mit dem Zölibat nahmen es die meisten nicht so genau. Erasmus hat später erklärt, sein Vater sei bei der Zeugung noch kein Priester gewesen, sondern sei erst zwischen der Zeugung und der Geburt geweiht worden. Ob es so war, wissen wir nicht. Auf jeden Fall hatten viele Priester, auch viele Bischöfe, ja sogar viele Päpste Kinder und bekannten sich mitunter offen dazu.

In Deventer und s'Hertogenbosch ging Erasmus zur Schule und wurde dabei von der Devotio moderna beeinflusst, einer kirchlichen Reformbewegung, die gleichermaßen auf Bildung und auf Frömmigkeit Wert legte. 1487 wurde er, wahrscheinlich gedrängt von seinen Vormündern – seine Eltern waren um 1484 gestorben –, Mönch bei den Augustiner-Chorherren in Steyn bei Gouda, und 1492 ließ er sich zum Priester weihen. Eine geistliche Laufbahn schien vorgezeichnet, doch Erasmus begann ein unruhiges Studien- und Wanderleben, das ihn durch halb Europa führte. Zunächst wirkte er als Sekretär des Bischofs von Cambrai, dann studierte er an dem von Humanismus und Devotio moderna geprägten Collège Montaigu in Paris (1495–1499), reiste nach England und schließlich nach Italien, wo er 1506 in Turin den theologischen Doktortitel erwarb. Weitere England-Aufenthalte folgten.

In England schrieb Erasmus seine ersten Bücher, darunter das „Handbuch eines christlichen Streiters“ (Enchiridion militis

Christiani) – abgefasst 1501, gedruckt 1503 –, in dem er eine Anleitung zur rechten Frömmigkeit bieten will. Er charakterisiert das Leben mit der metaphorischen Sprache des Epheserbriefs als einen Kampf, der nur mit den richtigen Waffen – Gebet und Kenntnis der Heiligen Schrift – gewonnen werden könne. Voraussetzung dafür sei die bereits von den Weisen der Antike empfohlene Selbsterkenntnis, die den Menschen seine Zugehörigkeit zu zwei unterschiedlichen Bereichen wahrnehmen lasse: dem Leibe nach zum animalischen, der Seele nach zum geistigen, letztlich göttlichen Bereich. Die ursprüngliche, durch die Sünde gestörte Einheit beider soll dadurch wiedergewonnen werden, dass die Vernunft als das Göttliche im Menschen, das durch die Sünde nicht zerstört wurde, wieder zur Herrschaft gelangt. Dazu gibt Erasmus zweiundzwanzig Regeln und weitere Ratschläge an die Hand, die zur Überwindung der Vorherrschaft des Äußerlichen im einzelnen Menschen wie in Kirche und Welt helfen sollen. Zum Beispiel könne sich der Christ vor Überheblichkeit schützen, wenn er alles Gute an sich selbst konsequent als Gabe Gottes, alles Schlechte aber als eigene Eigenschaften ansehe.

Berühmt wurde Erasmus durch seine erstmals 1500 erschienenen Adagien, eine von ihm kommentierte Sammlung von 818 lateinischen Sprichwörtern, die gleichermaßen zur literarischen wie sittlichen Bildung beitragen sollte. Sie erlebte rasch weitere und erweiterte Auflagen, und hierbei beschäftigte sich Erasmus erstmals 1508 auch mit dem Ausspruch des spätantiken christlichen Militärfachmanns Flavius Vegetius Renatus: „Süß scheint der Krieg den Unerfahrenen“ (Dulce bellum inexpertis). Erasmus' Auslegung wurde zu einem leidenschaftlichen Plädoyer gegen den Krieg und formulierte eine christliche Begründung des Pazifismus. Christus und Krieg, so Erasmus, passten noch weniger zueinander als Christus und ein Hurenhaus, denn Krieg sei elend und verbrecherisch, die schrecklichste Sache, die es gebe, Christus dagegen stehe für Frieden, Freundschaft, Nächstenliebe und „Toleranz“. Frieden definiert Erasmus als eine Freundschaft vieler untereinander. Er könne mit dem zehnten Teil der Sorgen, Strapazen, Beschwerlichkeiten, Gefahren und Kosten geschaffen werden, mit denen ein Krieg herbeigeführt werde. Einen Brudermord nennt es Erasmus, wenn ein Christ einen anderen Christen töte. Die im Mittelalter von den Theologen entwickelte Lehre vom gerechten Krieg hält er für problematisch, da immer irgendwelche Herrscher nach Gutdünken entschieden, was gerecht sei. Kritik übt Erasmus sogar an den aktuellen Kriegen gegen die Türken und an der damit verbundenen Verteufelung des Islam. Er bezeichnet die Moslems als „Halbchristen“ und behauptet, manche Türken lebten in Wahrheit christlicher als viele so genannte Christen.

Die Humanisten hatten ein positives Menschenbild und blickten optimistisch in die Zukunft. Sie hielten den Menschen für erzieh- und die Welt für verbesserbar und glaubten, am Beginn einer „neuen Zeit“ zu leben. Der Begriff „Neuzeit“ als Epochenbezeichnung nahm davon seinen Ausgang. Auf die hinter ihnen liegende Zeit blickten sie kritisch zurück und sahen sie als eine „mittlere Zeit“ an, eine finstere Zwischenzeit, gerahmt von der glorreichen Antike und ihrer hoffnungsvollen Gegenwart. Der Epochenbegriff „Mittelalter“ war damit geschaffen, und er war von Anfang an negativ konnotiert.

Die Schriften des Erasmus enthielten, wie schon angedeutet, beißende Kirchenkritik. Insbesondere mit Missständen im Mönchtum setzte er sich schonungslos auseinander. Er selbst hatte sich 1517 durch den Papst von seinen Ordensgelübden entbinden lassen und folglich mit dem Mönchsstand gebrochen. Erasmus war der Auffassung, dass das Mönchsein grundsätzlich keine bessere und höhere Form des Christseins sei. Er kritisierte ferner die Ungebildetheit vieler Mönche und ihren schlechten sittlichen Zustand. Auch die erzwungene Ehelosigkeit hielt er, obwohl er selbst dauerhaft und konsequent ehelos lebte, für falsch. Kritik übte Erasmus ferner am Ablassgeschäft der Kirche, woran sich 1517 mit Luther die Reformation entzünden sollte. In einer Satire schilderte er, wie der 1513 verstorbene Papst Julius II. vor der verschlossenen Himmelstüre steht und von Petrus nicht hineingelassen wird.

1521 ließ sich Erasmus nach langen unsteten Jahren, die ihn anstrengten, aber zugleich zum ersten modernen Europäer machten, in Basel nieder, in der Absicht dort dauerhaft zu bleiben. Von Basel aus erlebte er das Voranschreiten der Reformation in Deutschland mit und mischte sich hin und wieder ein. Sein eigentliches

Interesse galt jedoch der gelehrten Arbeit. Erasmus hatte zwischenzeitlich sehr gut Griechisch und ansatzweise Hebräisch gelernt und begann sich auf dieser Basis mit der Bibel und mit den Kirchenvätern zu befassen. Von 1516–1536 brachte er beinahe jedes Jahr Werke von Kirchenvätern heraus. 1528/29 edierte er Augustin, mit dessen Schriften er sich schon als ganz junger Mensch im Kloster intensiv beschäftigt hatte. Die im Humanismus begonnene Neuentdeckung und Neuerschließung Augustins hatte große Auswirkungen auf die Theologie aller Reformatoren.

Das bedeutendste und für die Reformation wichtigste Werk von Erasmus war eine griechische Ausgabe des Neuen Testaments – die erste, die überhaupt im Druck erschienen ist –, verbunden mit einer neuen Übersetzung in die lateinische Sprache. 1516 ist dieses Werk in Basel unter dem merkwürdigen Titel „Neues Instrument“ (Novum Instrumentum) erschienen. Mit diesem Titel wollte Erasmus, angeregt durch den Sprachgebrauch einiger Kirchenväter, den Schriftcharakter der Bibel unterstreichen.

Die Christenheit des Mittelalters und auch noch des frühen 16. Jahrhunderts war es gewohnt, das Neue Testament in einer lateinischen Übersetzung zu lesen, die auf den Kirchenvater Hieronymus im 4. Jahrhundert zurückging und die wegen ihrer weiten Verbreitung „Vulgata“ (Die Allgemeine) genannt wurde. Humanistische Gelehrte wie Erasmus wollten jedoch „zurück zu den Quellen“ (ad fontes), um so den Ursprüngen und der Wahrheit näher zu kommen. Ebenso wie man danach strebte, Aristoteles im griechischen Originaltext kennen zu lernen, wollte man auch Kirchenväter und die Bibel im Original lesen. Das war etwas Neues, ja Revolutionäres, denn kritisiert wurde damit die in der Kirche wie in der gelehrten theologischen Arbeit verwendete und vertraute Fassung der Bibel. Erasmus wollte auf den Urtext zurückgreifen und auf dieser Basis neu – und besser – übersetzen. Sein Ziel war es, den Christen, welche nach seiner Auffassung lange aus den „Tümpeln“ einer oft ungenauen, ja verderbten Übersetzung und aus den „Rinnsalen“ der mittelalterlichen Theologie schöpfen mussten, die reine Quelle der „christlichen Philosophie“ (philosophia christiana), wie er in Anlehnung an die Kirchenväter das Leben aus dem Glauben nannte, wieder zugänglich zu machen. Um auch den Ungelehrten die Lektüre zu ermöglichen, hat Erasmus zusätzliche muttersprachliche Übertragungen gefordert, wie sie dann Luther und Zwingli in Angriff nehmen sollten.

Erasmus suchte und sammelte alte Handschriften des griechischen Neuen Testaments und erstellte auf dieser Basis, die verschiedenen Textformen kritisch vergleichend, einen griechischen Text desselben. Dann ging er ans Übersetzen. Der griechische Text und die neue lateinische Übersetzung wurden parallel in einem Band gedruckt. In einem umfangreichen Anhang begründete Erasmus die Abweichungen von der durch den jahrhundertelangen Gebrauch in Liturgie und Theologie geheiligten Übersetzung der Vulgata im Einzelnen. Der Textausgabe gehen einige Einleitungsschriften voraus: eine Widmungsvorrede an den Papst, eine Aufforderung zur Bibellektüre (Paraclesis), eine Anleitung zur Schriftauslegung (Methodus) und eine Verteidigung gegen Kritiker (Apologia). Unter ihnen verdient vor allem die „Methodus" Beachtung, von der 1518 eine wesentlich erweiterte und ihrerseits vielfach aufgelegte Separatausgabe unter dem Titel „Methodenlehre, um auf kürzestem Wege zur wahren Theologie zu gelangen" (Ratio seu methodus compendio perveniendi ad veram theologiam) erschien. Ausgehend von der Einsicht, dass die Heilige Schrift als Text nicht nur grammatischen, sondern auch rhetorischen Regeln folge, versuchte Erasmus hier, die antike Rhetorik für die Schriftauslegung fruchtbar zu machen.

Erasmus' „Novum Instrumentum" an dessen Verbesserung er in weiteren vier Auflagen (1519, 1522, 1527, 1535) gearbeitet hat, stieß bei konservativen Anhängern der Vulgata, aber auch bei für Neuerungen aufgeschlossenen Humanisten auf teilweise heftige Kritik. Doch die Bedeutung dieses Werkes für die Schriftauslegung wie für die Neuorientierung von Theologie und Frömmigkeit dürfte insgesamt kaum zu überschätzen sein. Außerdem wurde Erasmus, indem er Handschriften vergleichend einen Urtext konstituierte, zum Pionier der modernen wissenschaftlichen „Textkritik", wie diese Methode der Quellenuntersuchung seit dem 19. Jahrhundert bezeichnet wird.

Ein weiteres, für die Reformation ebenfalls wichtiges Thema, mit dem sich Erasmus intensiv beschäftigte, war die Predigt. Im

Mittelalter hatte die Predigt nicht den Rang, den sie heute hat. Das wichtigste gottesdienstliche Element war die Eucharistie oder das Abendmahl, und sehr viele Gottesdienste wurden nur deswegen gefeiert und als „Messen“ bezeichnet. Zahlreiche Messen wurden als, wie man sagte, Stille Messen begangen, das heißt der Priester zelebrierte sie ohne Gemeinde. Messen gab es also viele, gepredigt aber wurde nur selten. Doch das Bedürfnis der gebildeten Menschen in den Städten nach Predigten wuchs. Regelmäßig gepredigt haben die Mönche der Franziskaner, der Augustiner-Eremiten und der Dominikaner. Der Orden der Dominikaner wurde deshalb auch als „Predigerorden“ bezeichnet. In den Städten wurden überdies „Prädikanten“ – Prediger – angestellt, mit dem speziellen Auftrag, Predigtgottesdienste zu halten. Die Predigt war also stark im Kommen, und Erasmus hat sich intensiv mit der Frage beschäftigt, was einen Prediger zu einem guten Prediger mache. 1535 erschien ein umfangreiches Werk „Prediger oder Vier Bücher Predigtlehre“ (Ecclesiastes sive de ratione concionandi libri quatuor), an dem er jahrelang gearbeitet hatte. In ihm zog Erasmus zugleich die Summe seiner Lebensarbeit, die zum einen der wissenschaftlichen Beschäftigung mit Sprache, Rhetorik, Poetik, Geschichte und Ethik gegolten hatte – von Erasmus als „menschliche Studien“ (studia humanitatis) charakterisiert –, zum anderen der Heiligen Schrift und deren Auslegung sowohl im Hinblick auf die Theologie als auch die Verkündigung. Er erläuterte die Würde und die Schwierigkeiten der Predigt, wobei er den Predigern Jesus Christus, das inkarnierte Wort Gottes, als nachzuahmendes Beispiel vor Augen stellte. Er beklagte den Verfall der Predigt und kritisierte nicht nur die ungebildeten und nachlässigen Prediger, sondern auch das oft wenig interessierte Publikum. In Abwandlung des von der antiken Rhetorik propagierten Idealbildes des Redners als sittlich guten, in der Redekunst gebildeten Menschen sah Erasmus den idealen Prediger als frommen und gebildeten Menschen, der in der Predigt sein Innerstes nach außen kehre. Auch wenn die Predigtkunst nach Erasmus ebenso wie die Redekunst weniger durch die Befolgung von Regeln als durch Übung erlernt wird, versuchte er in seiner Predigtlehre zahlreiche Hilfestellungen zu geben. Die Regeln der klassischen Rhetorik, die er vor allem aus Cicero und Quintilian schöpfte, wendete er auf die Predigt an. Im Zusammenhang mit der Behandlung der Redefiguren ging er auf die in der Heiligen Schrift verwendeten Figuren ein und bot damit eine ausführliche Anleitung zur Schriftauslegung. Schließlich stellte Erasmus noch einige Hauptpunkte der christlichen Theologie und der Predigt zusammen und leitete den Prediger an, bei seiner Lektüre der Bibel und der theologischen Autoren, insbesondere der Kirchenväter, zu den Hauptpunkten Material zu sammeln und das Gesammelte unter den jeweiligen Themenüberschriften einzutragen.

In Basel hatte Erasmus Ruhe gesucht, fand sie aber nicht auf Dauer, denn die Reformation hatte auch an der Reichsstadt am Rheinknie Fuß gefasst und in Johannes Oekolampad – ebenfalls ein gelehrter Humanist – ihren wichtigsten Repräsentanten gefunden. Als es 1529 in Basel zu gewalttätigen Ausschreitungen kam, entschloss sich Erasmus, nach Freiburg im Breisgau überzusiedeln und in diesem standhaft katholischen Ort seine wissenschaftliche und schriftstellerische Arbeit fortzusetzen. 1535 allerdings reiste er noch einmal nach Basel, vermutlich um dort die Drucklegung eines seiner Bücher zu überwachen. In der Nacht vom 11. auf den 12. Juli 1536 starb er in der inzwischen rein evangelischen Stadt. Der Wegbereiter der Reformation, der selbst nie mit der alten Kirche gebrochen hatte und nicht evangelisch geworden war, wurde in der evangelischen Hauptkirche Basels, dem Münster, ehrenvoll bestattet.

Erasmus, schon zu Lebzeiten berühmt als „Papst“ oder „König“ der Humanisten, war zeitlebens ein „homo pro se“, wie es Zeitgenossen formulierten, ein Einzelgänger, der seinen Weg, einen friedlichen, auf Ausgleich bedachten Weg zwischen den Fronten, suchte. Nach seinem Tod wurde er von Evangelischen wie Katholiken gleichermaßen rezipiert, aber auch gleichermaßen bekämpft. Anhänger und Gegner gab es in beiden Lagern. Rom allerdings setzte seine Werke in der zweiten Hälfte des 16. Jahrhunderts auf den „Index“, auf die Liste der – für Katholiken – verbotenen Bücher, auf der sich auch die Schriften Luthers befanden.

Johannes Reuchlin

Wie Erasmus so empfing auch Reuchlin seine humanistische Bildung in Frankreich und in Italien. Anders als Erasmus war Reuchlin jedoch nicht nur Philologe und Theologe, sondern auch oder vielmehr eigentlich Jurist, und anders als Erasmus interessierte er sich noch mehr für die hebräische als für die griechische Sprache.

Johannes Reuchlin stammte aus Pforzheim und wurde am 22. Februar 1455 geboren. Sein Studium führte ihn nach Paris und nach Basel, nach Orléans und nach Poitiers. Den juristischen Doktortitel erwarb er 1484/85 in Tübingen. Schon als Student veröffentlichte er 1478 ein lateinisches Wörterbuch. Als humanistischen Gelehrtennamen benutzte er „Capnion". Das war eine etwas künstliche Gräzisierung von „Reuchlin". Ein Capnion ist im Griechischen ein kleiner Rauch, ein Räuchlein.

Reuchlins juristische Qualifikationen bestimmten seine berufliche Laufbahn. 1483 wurde er Rat des Grafen Eberhard V. von Württemberg und Beisitzer des Hofgerichts. In Stuttgart betätigte er sich ferner als Anwalt. 1502–1513 war er Richter beim Schwäbischen Bund, einem Verteidigungsbündnis süddeutscher Territorien und Städte.

Interesse an der hebräischen Sprache und am Judentum wurde 1490 in Italien in ihm wach. In Florenz machte ihn der christliche Renaissance-Gelehrte Giovanni Pico della Mirandola mit der Kabbala bekannt, der mystischen Geheimlehre des Judentums, für die sich damals viele Christen zu interessieren begannen. Darauf fing Reuchlin an, bei Juden Hebräisch zu lernen, 1492 in Linz bei Jechiel Loans, dem Leibarzt Kaiser Friedrichs III., und 1498 in Rom bei dem Privatgelehrten Obadja Sforno. Anschließend war er in der Lage, sich eigenständig mit den kabbalistischen Werken zu befassen, und veröffentlichte darüber zwei Bücher: 1494 erschien „Das Wort, das Wunder wirkt" (De verbo mirifico) und 1517 „Die kabbalistische Wissenschaft" (De arte cabalistica).

Weshalb gewann ein Christ wie Reuchlin in diesem Maße Interesse am Judentum und speziell an der Kabbala? Die Kabbala war im 12. Jahrhundert in Südfrankreich und in Spanien entstanden und schöpfte aus der Gedankenwelt des antiken Neuplatonismus.

Die Juden behaupteten aber, und Christen wie Pico und Reuchlin glaubten das ebenfalls, es handle sich um eine uralte, schon auf Moses zurückgehende Lehre. Die platonischen Elemente der Kabbala, die den christlichen Gelehrten nicht verborgen blieben, wurden darauf zurückgeführt, dass Plato und die anderen antiken Philosophen ihr Wissen von den alten Hebräern bezogen hätten. Von der Beschäftigung mit der Kabbala erwarteten die christlichen Gelehrten ein vertieftes Verständnis ihres eigenen Glaubens und sahen in ihr einen Schlüssel, um zu einer jüdische, christliche und antik-heidnische Traditionen integrierenden Gesamtsicht der Wirklichkeit zu gelangen.

Doch unabhängig von diesem spezifischen Interesse an der Kabbala förderte Reuchlin auch ganz allgemein die wissenschaftliche Beschäftigung mit der hebräischen Sprache, die Hebraistik. Er wollte es den Christen erleichtern, die hebräische Sprache zu lernen, und verfasste zu diesem Zweck im Jahre 1506 ein Lehrbuch „Über die Anfangsgründe des Hebräischen" (De rudimentis Hebraicis). Als Lehrer des Hebräischen und des Griechischen betätigte er sich 1520/21 in Ingolstadt und 1521/22 in Tübingen. Reuchlin verfolgte wie viele Humanisten das Bildungsideal der Dreisprachigkeit. Wer eine höhere Bildung genoss, insbesondere wer ein Theologiestudium anstrebte, sollte dreier Sprachen kundig sein, nämlich des Lateinischen – wie im Mittelalter – sowie des Griechischen und des Hebräischen. Um dies zu erreichen, forderten und förderten die Humanisten die Ausstattung von Universitäten mit entsprechenden Lehrstühlen.

Reuchlins juristische Fähigkeiten sowie seine Kenntnisse des Judentums brachten es mit sich, dass er im Jahre 1510 den Auftrag erhielt, ein juristisch-theologisches Gutachten über den Talmud und andere Schriften des Judentums zu verfassen, bei dem es um die Frage ging, ob diese in Deutschland konfisziert und verbrannt werden sollten, wie das im Mittelalter in anderen Ländern schon mehrfach geschehen war. Im Hintergrund stand eine Auseinandersetzung, die drei Jahre zuvor in Köln ihren Anfang genommen hatte. Ein Jude namens Josef Pfefferkorn hatte sich dort taufen lassen und war anschließend in den Orden der Dominikaner eingetreten, die für ihre judenfeindliche Einstellung bekannt waren.

Der Dominikaner Johannes – wie sein neuer, christlicher Vorname lautete – veröffentlichte im Jahre 1507 eine Schrift mit dem Titel „Juden-Spiegel", in der er gegen seine frühere Religion vorging. Ein „Spiegel" war eine verbreitete Gattung der Literatur, die ihren Lesern einen Spiegel vorhielt, in dem sie sich selbst erkennen und durch den sie auf den Weg der Besserung geleitet werden sollten. Pfefferkorn forderte, den Juden den Geldhandel zu verbieten, sie zu schwerer Arbeit zu zwingen, ihnen das Anhören christlicher Predigten zu befehlen, ihnen den Talmud wegzunehmen und ihre Kinder zwangsweise zu taufen und christlich zu erziehen. Es war häufig der Fall, dass ehemalige Juden so gegen ihre frühere Lebensform agitierten, um ihr standhaftes Christsein zu untermauern und um auf sich aufmerksam zu machen und sich so berufliche Perspektiven zu eröffnen. Im Jahre 1509 traf Pfefferkorn mit Kaiser Maximilian I. zusammen und erwirkte von diesem ein Mandat, das den Neuchristen ermächtigte, bei Juden gegen den christlichen Glauben gerichtete Bücher zu konfiszieren. Noch im selben Jahr setzte Pfefferkorn dies in Frankfurt am Main in die Tat um. Weitere Beschlagnahmungen folgten in Worms, Mainz, Bingen, Lorch, Lahnstein und Deutz. Doch die betroffenen Juden protestierten, und die Frankfurter schickten sogar eine Delegation an den kaiserlichen Hof. Im Juni 1510 stoppte der Kaiser die Aktion und ordnete sogar die Rückgabe der Bücher an, gab aber gleichzeitig dem Mainzer Erzbischof den Auftrag, bei führenden Gelehrten Gutachten über den Talmud einzuholen.

Ein judenfeindliches, die Vernichtung des talmudischen Schrifttums verlangendes Gutachten erstellte Jacob Hoogstraeten, der als Professor der Theologie an der Kölner Universität wirkte und Prior des Kölner Dominikanerklosters war. Als solcher hatte er zugleich das Amt des Inquisitors, des päpstlichen Ketzerbekämpfers, inne. In seinem „Ratschlag gegen die sündhaften Bücher der Juden" (Consultatio contra immundos libros Iudaeorum) führte er unter Rückgriff auf die talmudfeindlichen Argumente des 13. Jahrhunderts aus, der Talmud enthalte Irrtümer, Unwahrheiten und blasphemische Aussagen, die sowohl gegen Jesus Christus als auch gegen das Gesetz des Moses gerichtet seien. Er halte die Juden vom Bibellesen ab und behindere damit deren Bekehrung zum christlichen Glauben. Aus diesen Gründen müsse er vernichtet werden. Noch weiter als Hoogstraeten ging die Universität Mainz, die sogar die Beschlagnahmung hebräischer Bibeln empfahl, weil sie die Juden verdächtigte, falsche Bibeltexte zu verwenden.

Reuchlin dagegen verfasste ein judenfreundliches, den weitgehenden Erhalt des jüdischen Schrifttums befürwortendes Gutachten. Es trug den Titel „Ratschlag, ob man den Juden alle ihre Bücher nehmen, abtun und verbrennen soll" und verband sehr geschickt und überzeugend juristische Argumente mit theologischen. Reuchlin teilte das jüdische Schrifttum in zwei Gruppen ein. Er gestand zu, dass es bei den Juden antichristliche Schmachbücher gebe, in denen Jesus verleumdet werde. Diese seien, so hielt auch Reuchlin dafür, zu vernichten und ihre Besitzer zu bestrafen. Alle übrigen Bücher solle man den Juden aber lassen, denn eine Vernichtung wäre nicht vereinbar mit dem geltenden Recht. Der Jurist Reuchlin argumentierte – wie schon vor ihm italienische Juristen im späten Mittelalter – mit einer Stelle im Codex Iustinianus, dem auf Kaiser Justinian im 6. Jahrhundert zurückgehenden Zivilrecht, wo die Juden zu „Mitbürgern" (concives) erklärt werden. Infolge der gemeinsamen Reichsbürgerschaft, so Reuchlin, dürften Juden und Christen einander nicht „feind" sein. Gleichzeitig argumentierte Reuchlin aber auch mit den Interessen der Christen an der hebräischen Sprache und an der in ihr verfassten Literatur. Er sagte, den Talmud, die kabbalistischen Werke und die jüdischen Bibelkommentare könnten die Christen für die eigene Bibelauslegung gebrauchen und sie könnten aus ihnen Hebräisch lernen. Außerdem enthielten diese Bücher auch Zeugnisse von Christus. Reuchlin stützte sich bei seiner Argumentation auf Literatur über den Talmud, nicht auf fundierte eigene Talmudkenntnisse. Er hatte sich vergeblich bemüht, einen Talmud zu erwerben. Nur Auszüge hatte er selbst gelesen.

Reuchlin betonte ferner, man dürfe Juden nicht Ketzern gleichstellen und der Inquisition ausliefern, sondern müsse sie durch Überzeugungsarbeit für den christlichen Glauben gewinnen. Die wichtigste Voraussetzung dafür sei, dass die Christen Hebräisch lernten.

Nachdem die verschiedenen Gutachten vorlagen, blieb ein erneutes Mandat des Kaisers wider Erwarten aus. Die Vernichtungspläne gegen das jüdische Schrifttum wurden nicht weiterverfolgt. Reuchlins Position blieb allerdings nicht unwidersprochen. Schon im Jahre 1510 entbrannte ein heftiger, öffentlich, teilweise in deutscher, teilweise in lateinischer Sprache ausgetragener Streit um sein Gutachten und die mit ihm zusammenhängenden inhaltlichen Fragen. Pfefferkorn und die Kölner Dominikaner griffen Reuchlin in polemischen Spiegel-Schriften an. Im Jahre 1511 veröffentlichte Pfefferkorn einen „Hand-Spiegel", in dem er aus Reuchlins bislang ungedrucktem Gutachten zitierte und dieses kritisierte. Nachdem eine Intervention Reuchlins am kaiserlichen Hof erfolglos geblieben war, publizierte Reuchlin 1511 in einer Schrift mit dem Titel „Augen-Spiegel" sein Gutachten und reagierte auf Pfefferkorns Anschuldigungen. Dieser schlug mit einem „Brand-Spiegel" zurück. 1512 verbot der Kaiser den Verkauf des Augen-Spiegels, doch Reuchlin reagierte mit einer Verteidigungsschrift. Im August 1513 wurde der Augen-Spiegel von der Kölner theologischen Fakultät offiziell verurteilt, weil er Sympathie mit dem jüdischen Unglauben zeige und der Ketzerei verdächtig sei.

Hoogstraeten begann gegen Reuchlin einen Ketzerprozess anzustrengen. 1513 offiziell eröffnet, fand er zunächst in Mainz, dann in Speyer und zuletzt in Rom statt. Gleichzeitig hatten die öffentlichen Auseinandersetzungen andere Humanisten auf den Plan gelockt. Sympathisanten Reuchlins veröffentlichten 1515 ihre „Dunkelmännerbriefe" (Epistolae obscurorum virorum). Mehr als hundert fingierte, absichtlich sprachlich schlecht, ja falsch geschriebene lateinische Briefe, die den Dominikanern, auch Hoogstraeten, untergeschoben wurden, machten Pfefferkorn und seine Kölner Freunde lächerlich. Das Buch erregte großes Aufsehen und erlangte infolge mehrerer Auflagen weite Verbreitung, stieß jedoch bei einigen Humanisten, darunter Erasmus, auch auf Ablehnung. Aus dem „Judenbücherstreit" war die „Reuchlinistenfehde" geworden. In den Augen weiter Kreise der gebildeten Öffentlichkeit standen Reuchlin und seine Anhänger als Sieger da. Doch für Reuchlin persönlich endete die Sache mit einer Niederlage. 1520 wurde sein Augen-Spiegel von Papst Leo X. verurteilt und Reuchlin selbst damit indirekt zum Ketzer erklärt. Erst spätere Generationen haben Reuchlins Verdienste anerkannt.

Beim Judenbücherstreit und der Reuchlinistenfehde ging es nicht nur um den Umgang mit den Juden und ihren Schriften. Der Streit war auch eine Auseinandersetzung zwischen Scholastik und Humanismus, zwischen Alt und Neu, zwischen Mittelalter und Neuzeit. Reuchlin und die an seiner Seite beteiligten Humanisten waren keine Philosemiten, ja nicht einmal Anhänger des Toleranzgedankens. Neben einem allgemeinen Gerechtigkeitsempfinden leitete sie vorrangig wissenschaftliches Interesse, wenn sie für den Erhalt der jüdischen Schriften eintraten. Sie kämpften für die Freiheit der Forschung gegen die Reglementierungsversuche der Inquisition. Dies kam freilich den Juden zugute. Reuchlin war einer der ersten christlichen Gelehrten, die für die Erhaltung des Talmuds eintraten. Gerade sein Augenspiegel enthält aber massive judenfeindliche Polemik, wenn auch in erster Linie gegen einen getauften Juden gerichtet. Reuchlin polemisierte ferner gegen die jüdischen Ärzte, die er ausnahmslos für Betrüger hielt. Theologisch dachte Reuchlin über das Judentum ganz traditionell. Er vertrat die Ablösungstheorie, nach der nunmehr nicht die Juden, sondern die Christen das auserwählte Volk Gottes seien, erklärte ihre Gebete und Gottesdienste zu vergeblichem Tun und unterstellte ihnen einen „unendlichen Hass“ gegen die Christen. Nur an einer Stelle übte Reuchlin weit gehende Kirchenkritik: Er beanstandete das kirchliche Karfreitagsgebet „pro perfidis Iudaeis“, weil Juden, die ihrer Religion treu geblieben wären, nicht als „treulos“ bezeichnet werden könnten (allerdings verstand die Kirche des Mittelalters unter „perfidus“ nicht „treulos“, sondern „ungläubig“).

Reuchlin war tolerant insofern, als er der jüdischen Minorität Bürgerrechte einräumte, konkret die körperliche Unversehrtheit, den Schutz des Eigentums und die freie Religionsausübung. Im Zusammenhang mit dem Wucher, den auch Reuchlin den Juden vorwarf, hielt er allerdings die Ausweisung für eine angemessene Strafe. Vorwürfe der Brunnenvergiftung, der Hostienschändung und des Ritualmords finden sich bei ihm nicht, und die Rabbiner hat er nicht verdächtigt, den Text des Alten Testaments zu fälschen.

Reuchlins Leben endete am 30. Juni 1522 in Stuttgart. Mit seiner Kirche hatte er selbst nie gebrochen, ja er hatte sich ihr sogar mit dem Alter immer weiter zugewandt. Er beschritt den umgekehrten Weg wie Erasmus, der sich vom Mönchtum gelöst hatte, und trat, vermutlich im Jahre 1521, in den geistlichen Stand ein. Er wurde Mitglied der Maria besonders verehrenden Salve-Regina-Bruderschaft und ließ sich zum Priester weihen. Schon zuvor hatte er sich gerne mit marianischen Themen befasst.

Reformatoren

Die Reformation war eine in theologischen Erkenntnissen und Überzeugungen gegründete, von Deutschland und der Schweiz ausgehende kirchliche Erneuerungsbewegung, die nicht nur Theologie und Kirche umgestaltete, sondern sich auf alle Bereiche der Kultur auswirkte und weite Teile Westeuropas erfasste.

Der Humanismus hatte dafür wichtige Voraussetzungen geschaffen. Dazu gehörten der konsequente Rückgang auf die Ursprünge und die Quellen, die Beschäftigung mit der griechischen und der hebräischen Sprache und die Kirchenkritik. Überall in den Städten, an Universitäten und in Klöstern, unter Kaufleuten und unter Handwerkern gab es Menschen, bei denen infolge ihrer humanistischen Bildung die Ideen der Reformation auf einen fruchtbaren Boden fielen. Ohne den Humanismus hätte der Reformation die Basis gefehlt.

Die Reformatoren wollten keine Neuerungen, sondern ganz wörtlich re-formieren, zurück-formen (lat. reformare = wiederherstellen). Die Kirche sollte wieder so werden, wie sie in der Anfangszeit der Christenheit gewesen war: evangelisch, das heißt dem Evangelium, der guten Nachricht von der in Jesus Christus offenbar gewordenen Liebe Gottes gemäß. Die Gegner der Reformatoren beschimpften diese aber als Neuerer, als Vertreter eines neuen Glaubens („Neugläubige“).

Die Reformation begann mit Martin Luther und seinen Thesen zum Ablass im Jahre 1517. Ohne Luther hätte es keine Reformation oder nicht die Reformation, die wir kennen, gegeben.

Martin Luther

Luther war kein Humanist, sondern er war ein traditionell lebender Mönch, der gerade durch seine Erfahrungen als Mönch zum Reformator wurde und wider Willen zum Begründer einer neuen Kirche.

Martin Luther stammte aus ländlichen, bäuerlichen Verhältnissen. Allerdings hatte schon sein Vater das Bauerndasein hinter sich gelassen, ging in den Bergbau und brachte es zuletzt als kleiner Unternehmer zu einem gewissen Wohlstand. Wie viele andere Reformatoren entsprang Luther also einem Sozialaufsteiger-Milieu. Die Familie „Luder" stammte aus Möhra in Thüringen und hielt sich, als Martin geboren wurde, gerade in Eisleben auf, zog dann aber schon wieder weiter nach Mansfeld, wo sie sich, inmitten einer florierenden Bergbauregion, dauerhaft niederließ.

Das Geburtsjahr von Luther ist wie bei Erasmus nicht wirklich sicher. Es könnte 1482, es könnte 1483 und es könnte 1484 gewesen sein. Man hat sich, nicht zuletzt weil Jubiläen gefeiert werden wollen, für 1483 entschieden. Der Tag steht jedoch fest. Luthers Mutter erinnerte sich nämlich an eine nächtliche Geburt, und er trug wie viele Kinder den Namen des Tagesheiligen seines Tauftages. Üblich war im späten 15. Jahrhundert die Taufe gleich nach der Geburt. Also ergibt sich als Geburtstag der Tag vor dem Martinstag, der 10. November. Der Bischof Martin von Tours, der im 4. Jahrhundert lebte, war und ist ein beliebter Heiliger, mit dem sich vor allem die Geschichte verbindet, wie er seinen Mantel teilte und die eine Hälfte einem Bettler gab. Das Geburtshaus und Luthers Taufkirche sind noch zu besichtigen.

Luther erlebte eine normale Kindheit und Jugend. Nichts deutet darauf hin, dass schon damals in ihm die Wurzeln zum Reformator gelegt wurden. Er besuchte Schulen in Mansfeld und Eisenach und wurde wie Erasmus ein wenig von der Devotio moderna geprägt, nämlich in der Domschule zu Magdeburg. Über den Werdegang bestimmte, wie es den damaligen Verhältnissen entsprach, der Vater. Luther sollte die Universität besuchen und – wie Reuchlin – Jurist werden und so den sozialen Aufstieg der Familie fortsetzen. 1501 bezog Luther die Universität Erfurt und absolvierte zunächst einmal das allgemein bildende Grundstudium. 1505 begann er wunschgemäß mit dem Jurastudium. Doch da ereignete sich der erste von mehreren Einschnitten, die seine Biografie kennzeichnen. Auf dem Rückweg von seinem Elternhaus nach Erfurt kam er bei Stotternheim in ein heftiges Sommergewitter und legte in Todesangst ein Gelübde ab. Er rief die Heilige

Anna an, die Mutter Marias und Schutzheilige der Bergleute, und versprach ihr im Falle der Bewahrung Mönch zu werden. Luther überlebte das Gewitter, gelangte nach Erfurt und klopfte vierzehn Tage später, am 17. Juli 1505, an die Tür des Klosters der Augustiner-Eremiten an und wurde Mönch. Luther hätte das ohne reifliche Überlegung abgelegte Gelübde nicht einlösen müssen. Das kirchliche Recht sah die Möglichkeit einer Befreiung vor. Doch Luther blieb, obwohl ihm Freunde abrieten, seinem neuen Weg treu. Es stellt sich die Frage, ob dies nur Ausdruck einer Luther eigenen Strenge und Konsequenz war, die ihn zum Beispiel von einem Mann wie Erasmus unterschied, oder vielleicht auch ein Zeichen dafür, dass er sich schon länger mit dem Gedanken beschäftigte, den ihm von seinem Vater vorgeschriebenen Weg zu verlassen und ein streng religiöses Leben zu führen, und ihm der nun gegebene Anlass und Grund willkommen war. Wie dem auch sei: Luthers Eltern waren entsetzt und gingen für Jahre auf Distanz zu ihrem einst so hoffnungsvollen Sohn.

Die Erfurter Augustiner-Eremiten waren strenge, vorbildliche Mönche. Der Orden war 1256 gegründet worden und zählte zu den Bettelorden, weil das Armutsgebot besonders streng beachtet wurde. Neben der Armut waren wie in allen Orden Keuschheit und Gehorsam geboten. Gehorsam hieß, dass Luther sein Leben nunmehr von seinem Ordensvorgesetzten ausrichten ließ, und dieser bestimmte ihn zum Theologiestudium, das Luther im Sommer 1507 in Erfurt aufnahm. Augustiner-Eremiten hatten Aufgaben in der Seelsorge wahrzunehmen, und viele von ihnen waren deshalb Priester. Auch Luther empfing bereits im Frühjahr 1507 im Erfurter Dom die Priesterweihe. Mit seinem Theologiestudium hatte das nichts zu tun. Um Priester zu werden, musste man damals nicht Theologie studieren.

Luther nahm sein Mönchsleben sehr ernst. Er bemühte sich, allen Anforderungen gerecht zu werden, die seine Vorgesetzten an ihn stellten und die er selbst an sich stellte. Dennoch geriet er in große innere Krisen, in der religiösen Sprache: Anfechtungen. Er fürchtete, trotz allem zu oft zu fehlen und Gottes Erwartungen nicht Genüge tun zu können. Er fragte sich, ob er im Endgericht bestehen und zu den Erwählten gehören würde. In diesen Schwierigkeiten der religiösen Existenz keimte Luthers Entwicklung zum Reformator.

Äußerlich betrachtet war mit Luther jedoch alles in Ordnung. Er studierte fleißig und hielt, wie es damals bei fortgeschrittenen Studenten üblich war, seine ersten eigenen Lehrveranstaltungen. Vorübergehend, 1508/09, weilte er zum Studium erstmals in Wittenberg. Im Rahmen seines Studiums hatte Luther auch Berührungen mit dem Humanismus. In Erfurt gab es humanistische Kreise, und Luther kannte und verwendete bereits humanistische Literatur: Reuchlins Hebräisch-Lehrbuch. Doch zum Humanisten wurde er dadurch nicht. Das optimistische Lebensgefühl und das positive Menschenbild des Humanismus widersprachen seiner Grundhaltung. Wichtige theologische Impulse für das theologische Verständnis des Menschen empfing Luther bei dem Kirchenvater Augustin und seinen Gedanken zu Sünde und Gnade.

Im Auftrag seines Ordens reiste Luther im Jahre 1510 nach Rom. Er unternahm diese Reise zu Fuß, wie ein Pilger. In Rom besuchte er wie üblich die sieben Hauptkirchen und erwarb Ablass für sich und seine verstorbenen Angehörigen. Luther sah in der Stadt Reichtum und Armut und erlebte mit, wie Messen unter Zeitdruck und ohne Andacht gefeiert wurden. Wirklich irritiert hat ihn das damals noch nicht. Die negative Bewertung der römischen Erfahrung erfolgte erst später, im Rückblick.

Im Jahre 1511 fiel über Luther eine schwerwiegende Entscheidung. Er wurde von Erfurt nach Wittenberg versetzt und dort vom Generalvikar der Augustiner-Eremiten, Johannes von Staupitz, dazu bestimmt, in der Theologie den Doktorgrad zu erwerben und in Wittenberg Theologieprofessor zu werden. Luther widersprach nicht und hätte auch nicht widersprechen können. Im Herbst 1511 zog er in die Stadt an der Elbe und verblieb dort bis zu seinem Tod.

Wittenberg war eine aufstrebende Universitätsstadt. Sie diente neben Torgau als Residenzstadt des sächsischen Kurfürstentums und besaß seit 1502 eine Universität, die sich, als Luther dort seine Professur übernahm, noch im Aufbau befand. Am 18./19. Oktober 1512 wurde Luther zum Doktor der Theologie promoviert. Auf diesen Titel war er zeitlebens stolz und bezog aus ihm sein Selbstbewusstsein. Nur wenige Reformatoren waren theologisch so qualifiziert wie Luther. Als Wittenberger Professor hatte Luther in erster Linie die Bibel auszulegen. Dies war zu Luthers Zeit wie auch im ganzen Mittelalter die eigentliche und hauptsächliche Aufgabe eines Theologieprofessors, wenn auch nicht alle diese Aufgabe schätzten und sich viele lieber losgelöst von der Bibel mit Fragen der Dogmatik befassten. Luther legte von Anfang an die Bibel aus, und er wandte sich zunächst den Psalmen zu. Das war nicht überraschend bei einem Mönch, der sein Mönchsleben wirklich ernst nahm, denn die Psalmen als Gebetstexte begleiteten ihn im Rahmen der vorgeschriebenen sieben täglichen Andachten durch den Tag, durch die Woche und durch das Jahr. Zwei Jahre lang befasste sich Luther in Wittenberg zunächst einmal mit der Auslegung des Psalters und zog dabei die neuesten humanistischen Hilfsmittel heran: Neben dem schon erwähnten Hebräisch-Lehrbuch Reuchlins, dessen Auslegung der Bußpsalmen sowie den Psalmenkommentar des französischen Humanisten Jacobus Faber Stapulensis. Zusätzlich zu seiner Lehrtätigkeit hatte Luther regelmäßig zu predigen, und zwar im Auftrag seines Ordens in seinem eigenen Kloster und von 1513 an im Auftrag des Rats der Stadt an der Wittenberger Stadtkirche, einer Marienkirche. Seine Kanzel ist noch heute zu besichtigen, allerdings im Museum. Über die Jahre hinweg hat Luther viele tausend Predigten gehalten. Über zweitausend haben sich als Nach- und Mitschriften erhalten.

Als Mönch und Professor in Wittenberg geriet Luther in die zweite große Krise seines Lebens. Bei der Ausarbeitung seiner Vorlesungen rang er mit der Frage, was die Bibel meine, wenn sie von der „Gerechtigkeit Gottes“ spreche. Heißt das, dass Gott ein strenger Richter ist, der die Sünder bestraft und die Frommen belohnt? So hatte es Luther gelernt. Doch er spürte, wie er auf dem Hintergrund seiner Mönchserfahrungen, die ihn seine Defizite empfinden ließen, diesen gerechten Gott zu hassen begann. Er suchte nach Möglichkeiten, Gottes Gerechtigkeit anders zu verstehen, und da wurde ihm eine Stelle bei Paulus, Röm 1,17, zum Schlüssel: Im Evangelium wird offenbart die Gerechtigkeit, die vor Gott gilt, welche kommt aus Glauben im Glauben; wie geschrieben steht: Der Gerechte wird aus Glauben leben. Plötzlich begriff Luther die Gerechtigkeit Gottes als eine schenkende, befreiende Gerechtigkeit: Gott macht den Sünder zu einem Gerechten, indem er ihn trotz seiner Sünden annimmt und liebt. Luther fühlte sich verwandelt, und seine Erkenntnis wurde ihm zum Ausgangspunkt einer neuen Theologie und bildete den Schlüssel zur Reformation. Das Ereignis wird als Luthers reformatorische Entdeckung bezeichnet oder auch als das Turmerlebnis, weil Luther im Turm seines Klosters sein Arbeitszimmer hatte. Der Inhalt der Entdeckung ist mit dem Fachbegriff der Dogmatik die reformatorische Rechtfertigungslehre.

Luther sprach nur einmal ausführlich und im Zusammenhang über diesen Wendepunkt, und zwar im Jahre 1545. Das Ereignis selbst wird von vielen Forschern um das Jahr 1514 datiert, drei Jahre vor den entscheidenden Thesen zum Ablass. Doch das ist strittig. Es gibt Luther-Forscher, die vermuten, die Entdeckung der Glaubensgerechtigkeit habe erst nach den Thesen, im Jahre 1518, stattgefunden. Und andere meinen, das von Luther geschilderte Ereignis habe es in dieser Weise nie gegeben und die reformatorische Entdeckung sei ein längerer Prozess der Gedankenentwicklung gewesen.

Unstrittig ist jedoch, dass Luther im Herbst des Jahres 1517 Thesen zum Ablass schrieb und bekannt machte. Anlass war eine große Ablasskampagne, die Erzbischof Albrecht von Mainz in den ihm gehörenden Bistümern – neben Mainz auch Magdeburg und Halberstadt – durchführte. Ablass meint soviel wie Nachlass oder Erlass: Erlassen werden Strafen, die Menschen wegen begangener Sünden abzubüßen hätten. Gemäß der Vorstellung eines strengen, gerechten, richtenden Gottes glaubten die Menschen des Mittelalters und lehrten die Theologen, dass jede böse Tat unvermeidlich eine göttliche Strafe nach sich ziehe. Ihre Schuld wird den Sündern zwar verziehen und sie werden wieder von Gott angenommen, wenn sie dem Priester beichten, aber die Strafen werden dadurch nicht erlassen. Es galt der Grundsatz: Strafe muss sein. Gott straft, nach der Vorstellung des Mittelalters, auf mannigfache Art, zum Beispiel durch Krankheiten und Unglücksfälle. Die meisten Strafen werden jedoch nicht im Diesseits getragen, sondern erst im Jenseits, im Fegfeuer. Man glaubte die

Seelen der Verstorbenen an einem Reinigungsort, dem Fegfeuer, wo sie die für ihre Sünden verhängten Strafen büßten und so für den Eingang in die himmlische Herrlichkeit vorbereitet würden. Das Fegfeuer ist nicht die Hölle, sondern ein Ort der Reinigung, aber den wenn auch befristeten Aufenthalt dort stellte man sich sehr schmerzlich vor. Der Ablass bot einen Ausweg: Gegen Geld, der Kirche gespendet, konnten die Gläubigen die zu erwartenden Sündenstrafen mindern oder sogar ganz erlassen bekommen. Ja, die Kirche bot sogar an, Ablass zu gewähren für zukünftige Sünden und sogar für die Sünden von bereits verstorbenen Angehörigen. Man hörte eine Predigt, ging zum Beichten, kaufte einen Ablassbrief – und die Sache war erledigt.

Luther beobachtete die Ablasskampagne des Jahres 1517 mit zunehmender Sorge, zweifelte an den theologischen Grundlagen dieser Überzeugungen und kritisierte Auswüchse des schwunghaften Handels mit religiösen Gütern. Ende Oktober schrieb er dazu in lateinischer Sprache 95 Thesen nieder, schickte sie am 31. Oktober an Albrecht und möglicherweise auch an andere Bischöfe und gab sie Freunden. Ob er sie, wie später behauptet wurde, in Wittenberg auch öffentlich ausgehängt – „angeschlagen" – hat, ist strittig, aber denkbar. Wer Thesen an der Universität verfasste, wollte eine universitäre Diskussion – eine „Disputation" – anregen, und dazu bedurfte es der Bekanntmachung. Als Schwarzes Brett diente der Universität die Tür der Wittenberger Schlosskirche, des Ortes, wo Disputationen und große universitäre Veranstaltungen stattfanden.

Auch Luther persönlich empfand die Ablassthesen als Einschnitt. Dies zeigt sich darin, dass er in seinem Brief an Albrecht zum ersten Mal anstelle seines eigentlichen Familiennamens „Luder" die Form „Luther" verwendet. Diese Namensform brachte er selbst mit dem griechischen Wort „eleuteros" in Verbindung, was „frei" bedeutet. Luther fühlte sich vom 31. Oktober 1517 an als Freier, als ein durch die Bindung an Christus und seine Wahrheit Befreiter. Vorübergehend verwendete er auch den griechisch-lateinischen Gelehrtennamen Eleutherius.

Luthers Thesen erregten Aufsehen. Ohne sein Zutun wurden sie gedruckt und im In- und Ausland und auch in deutscher Sprache verbreitet. Besonders in Humanistenkreisen, wo man dem Ablasshandel schon länger kritisch gegenüber gestanden war, stießen sie auf positive Resonanz. Bei anderen erregten sie jedoch Widerspruch. Albrecht leitete sie nach Rom weiter, und dort hegte man alsbald den Verdacht, in Wittenberg lebe ein Ketzer, gegen den man einschreiten müsse. Im September 1518 wurde Luther nach Augsburg zitiert, um vor einem päpstlichen Gesandten, dem Dominikaner-Theologen und Kardinal Thomas de Vio aus Gaeta, genannt Cajetan, Rechenschaft abzulegen. Drei Begegnungen fanden am 12., 13. und 14. Oktober statt. Luther wurde zum Widerruf aufgefordert, den er verweigerte. Cajetan wandte sich darauf brieflich an Luthers Landesherrn, Kurfürst Friedrich III., genannt Friedrich der Weise, und forderte ihn auf, Luther nach Rom auszuliefern oder des Landes zu verweisen.

Aufsehen erregten Luthers Thesen auch innerhalb seines Ordens. Im April 1518 reiste er nach Heidelberg, um anlässlich einer Versammlung von Funktionsträgern der Augustiner-Eremiten Rede und Antwort zu stehen. Luther verfasste erneut eine Reihe von Thesen und stelle sie in einer Disputation der universitären Öffentlichkeit vor. Über die Wittenberger Thesen hinausgehend übte er nun Kritik an der Abhängigkeit der Theologie von der Philosophie des Aristoteles und behauptete, dass der Mensch Gott gegenüber ganz und gar passiv wäre und ihm gegenüber keinen freien Willen habe.

Im Sommer 1519 stellte sich Luther in Leipzig, wieder im Rahmen einer universitären Disputation, seinen Gegnern. Die Disputation begann am 26. Juni und endete am 15. Juli. Johannes Eck, Theologieprofessor aus Ingolstadt, verteidigte den Standpunkt der Kirche und verführte Luther zu weiteren steilen Behauptungen. Luther erklärte, Päpste und kirchliche Konzilien könnten irren und hätten oftmals geirrt. Luthers Gegnern war damit endgültig klar, dass Luther ein Ketzer sei, denn er vertrat Positionen wie hundert Jahre zuvor der Prager Theologe Johannes Hus, der 1415 auf dem Konstanzer Konzil verurteilt und verbrannt worden war. Luther war aus Wittenberg mit großer Gefolgschaft angereist. Der Gegenseite wurde klar, dass der Wittenberger Mönch nicht als Einzelner handelte, sondern bereits eine breite Anhängerschaft um sich geschart hatte. Als Folge der Leipziger Disputation kam deshalb bei den Anhängern der alten Kirche die polemische Parteibezeichnung „Lutheraner“ auf und setzte sich rasch durch. Später sollte aus dem Schimpfwort eine in den evangelischen Kirchen mit Stolz gebrauchte Selbstbezeichnung werden.

Luther ließ sich durch die ihm drohende Gefahr nicht aus der Ruhe bringen. In Wittenberg wirkte er weiter als Universitätslehrer und als Prediger und verfasste nebenher, oft zu nächtlicher Stunde, zahlreiche Schriften, in denen er seine neuen Gedanken erklärte und weiter entfaltete. In den Jahren 1518–1520 erschienen mehrere „Sermone“, kleine, predigtartige Erbauungsschriften in deutscher Sprache zu zentralen Themen wie die Taufe, das Abendmahl und das Sterben. 1520 verfasste Luther drei ebenfalls sehr bedeutende große Schriften, in denen er sein reformatorisches Programm entfaltete und die deshalb zusammenfassend als die „reformatorischen Hauptschriften“ bezeichnet werden: An den christlichen Adel deutscher Nation, De captivitate Babylonica ecclesiae (Über die babylonische Gefangenschaft der Kirche), Von der Freiheit eines Christenmenschen. Sie erlebten hohe Auflagen und fanden reißenden Absatz.

Zentrale theologische Gedanken Luthers und der Reformation überhaupt wurden und werden durch die auch heute noch bekannten und viel zitierten sogenannten Exklusivpartikel ausgedrückt: allein die Schrift (sola scriptura), Christus allein (solus Christus), allein durch die Gnade (sola gratia), allein durch den Glauben (sola fide). Gegen eine mit kirchlichen Traditionen argumentierende Theologie hat Luther, in Anlehnung an humanistische Grundsätze, das Schriftprinzip propagiert: Die Schrift allein soll in Glaubensfragen entscheidend sein. Gegen eine Theologie, die verschiedene Autoritäten anerkannte, wurde eine christozentrische Position formuliert: Christus allein soll Herr der Gemeinde, Grund der Rechtfertigung und Maßstab der Ethik sein. Gegen eine Theologie, die Mensch und Gott in einem partnerschaftlich-kooperativen Verhältnis betrachtete, wurde der Mensch als ganz und gar von Gott abhängig begriffen: Der Gnade allein verdankt der Mensch, der radikal als Sünder gesehen wird, seine Seligkeit. Gegen eine Theologie, die von der Heilsnotwendigkeit der guten

Werke sprach, wurde der Glaube als allein angemessene und völlig ausreichende Antwort auf Gottes Gnade in Christus propagiert: Allein durch den Glauben wird der Mensch gerettet.

Abb. 1: Luther als Mönch im Jahre 1520

Eng mit den Stichworten Christus, Gnade und Glaube hängt das evangelische Freiheitsverständnis zusammen, das Luther entwickelt und in die markante Doppelthese gekleidet hat: Ein Christenmensch ist ein freier Herr aller Dinge und niemandem untertan, ein Christenmensch ist aber auch ein dienstbarer Knecht aller Dinge und jedermann untertan. Gerade in seiner totalen Abhängigkeit von Gott sieht Luther die radikale Freiheit des Menschen begründet, die ihm durch keinerlei Zwänge geraubt werden kann und die ihn zu einem selbstlosen Dienst am Mitmenschen und an der Gesellschaft befähigt.

Schon 1518, spätestens 1519 hätte Luther kirchlicherseits formell zum Ketzer erklärt werden können. Doch Rom zögerte, weil die Wahl eines neuen Kaisers anstand und der Papst bei dieser Sache mitmischen wollte. Aus diesem Grund war es nicht opportun, gegen einen Theologieprofessor vorzugehen, der im Dienste eines mächtigen Landesherrn stand. Aus der Sicht des Papstes war Friedrich der Weise ein potenzieller Kandidat für das Amt des Kaisers. Der Prozess gegen Luther wurde also verschleppt. Luther und die Reformation gewannen dadurch Zeit, fanden mehr und mehr Anhänger und waren schließlich nicht mehr zu stoppen.

Anfang 1520 wurde der römische Prozess gegen Luther fortgesetzt und mündete am 15. Juni 1520 in die Androhung des „Banns", niedergelegt in einer „Bulle", wie man offizielle päpstliche Schriftstücke nannte, mit dem bezeichnenden lateinischen Titel „Exsurge Domine" (Erhebe dich, Herr). Luther, der als „törichter Mensch" bezeichnet wird und bildhaft als Fuchs, Wildschwein und wildes Tier, das den Weinberg Gottes verwüstet, wurde der Ausschluss aus der Kirche, die Exkommunikation angedroht, sollte er nicht binnen sechzig Tagen widerrufen. Die Frist, die mit der förmlichen Bekanntmachung der Bulle Ende September begann, ließ Luther verstreichen, und Ende November 1520 war er damit faktisch zum Ketzer erklärt. Der förmliche Bann folgte am 3. Januar 1521 mit einer weiteren Bulle des Papstes. Für das Urteil gegen Luther war derselbe Papst zuständig, der auch Reuchlin gemaßregelt hatte: Leo X.

In Wittenberg blieb man indessen selbstsicher. Am 10. Dezember 1520 organisierten Dozenten und Studenten eine öffentliche Bücherverbrennung vor dem Elstertor, und Luther warf eigenhändig ein Druckexemplar der Bannandrohungsbulle in das Feuer. Nach dem Recht des Mittelalters musste ein vom Papst Gebannter vom Kaiser geächtet und damit der weltlichen Gerichtsbarkeit überantwortet werden. Dies drohte auch Luther. Doch wieder kam es zu einem für viele unerwarteten Aufschub, denn Luthers Landesherr bestand darauf, dass Luther vor einer Ächtung vom Kaiser persönlich gehört würde. So kam es zur Einladung Luthers zum Reichstag von Worms im April 1521.

Auf einem Reichstag versammelten sich Vertreter derjenigen Territorien und Städte, die mit dem gewählten Kaiser gemeinsam das Reich regierten. Er fand nur unregelmäßig statt und tagte an wechselnden Orten. Luther reiste am 2. April nach Worms und wurde am 17. und 18. April am Rande des Reichstages in Gegenwart des Kaisers von dessen Sprecher, einem Trierer Kirchenjuristen, verhört und zum Widerruf aufgefordert. Demonstrativ lagen die Schriften auf einer Bank, die der Wittenberger Mönch seit 1517 verfasst hatte. Luther zeigte sich in Mönchskutte und mit frischer Tonsur und erklärte, zum Widerruf sei er nur bereit, wenn ihn jemand auf der Grundlage der Bibel Irrtümer nachweise. Ansonsten sei sein Gewissen gebunden. Seine kurze Rede schloss er mit den Worten: „Gott helfe mir, Amen" – das „Hier stehe ich, ich kann nicht anders" ist spätere Legende. Seine Gegner riefen: „Ins Feuer mit ihm!" Doch Luther konnte, da ihm sicheres Geleit hin und zurück garantiert worden war, Worms unbeschadet verlassen. Erst am 26. Mai verhängte der Kaiser die Reichsacht über Luther und seine Anhänger, erklärte ihn für vogelfrei und ordnete seine Gefangennahme und Bestrafung an. Für die Anhänger der Reformation war Luther zum Helden geworden. In Flugschriften wurde von seinem Auftreten berichtet, und in beigefügten Bildern wurde es auch den nicht Lesekundigen vor Augen gestellt, wie Luther, der Mönch, alleine, mit der Bibel in der Hand, sich auf sein Gewissen berufend den Mächtigen in Kirche und Reich gegenübertrat. Sein Auftritt vor dem Kaiser und den Fürsten wurde bildlich als Auftritt vor dem Papst und seinen Kardinälen und Bischöfen interpretiert und so in den eigentlichen, religiösen und kirchlichen Kontext der Auseinandersetzung eingeordnet (Abb. 2, S. 34).

Luther drohte Gefahr, doch sein Landesherr, der in Worms persönlich zugegen war, als Luther vor dem Kaiser stand, sann auf Abhilfe. Luther wusste nicht, was geschehen würde, und so war er überrascht, als er am 4. Mai im Thüringer Wald, auf halber Strecke zwischen Worms und Wittenberg, von bewaffneten Reitern „überfallen" und auf eine Burg verschleppt wurde. Friedrich der Weise ließ Luther auf der Wartburg bei Eisenach in Sicherheit bringen und verstecken. In der Öffentlichkeit machte das Gerücht die Runde, Luther sei tot. Doch dieser arrangierte sich mit den Umständen, ließ sich Haare und Bart wachsen, sodass er aussah wie ein Adliger, und lebte als „Junker Jörg" inkognito in den Wirtschaftsgebäuden der Wartburg in einer Kammer, die noch heute besichtigt werden kann. Er nahm sich eine große Aufgabe vor: die Übersetzung des Neuen Testaments aus der griechischen Sprache ins Deutsche. Bibeln in deutscher Sprache gab es zwar schon, aber sie beruhten auf dem seit dem Novum Instrumentum des Erasmus überholten lateinischen Text. Luther wollte eine bessere, getreuere Übersetzung, und er suchte gleichzeitig eine Sprachform, die möglichst vielen Menschen Deutschlands, wo es damals noch keine einheitliche Hochsprache gab, verständlich war.

Abb. 2: Luther in Worms – Stilisierte Darstellung des Ereignisses als Auseinandersetzung mit den Repräsentanten der Kirche

Während Luther abgeschieden im Thüringer Wald lebte und mit engen Vertrauten in Wittenberg nur sporadischen Briefkontakt hatte, machte die Reformation dort Fortschritte. Kollegen Luthers, allen voran Andreas Bodenstein, nach seinem Herkunftsort Karlstadt genannt, suchten aus den theologischen Erkenntnissen Luthers praktische Konsequenzen abzuleiten. Dazu gehörten die Reform des Gottesdienstes, die Entfernung der Heiligenbilder aus den Kirchen und die Neuordnung der Armenfürsorge in der Gemeinde. An Weihnachten 1521 wurde in Wittenberg erstmals öffentlich das Abendmahl mit Brot und Wein gefeiert, und im Januar 1522 beschloss der Rat der Stadt eine von Karlstadt verfasste reformatorische Kirchenordnung. Die praktischen Veränderungen führten jedoch zu Unruhe in der Bevölkerung, denn noch gab es Menschen, die den von den Reformatoren eingeschlagenen Weg nicht mitgehen wollten. Außerdem widersprach der Kurfürst den Neuerungen. Auch Luther selbst schienen die Maßnahmen seiner Kollegen zu weit zu gehen. Anfang März 1522 verließ er deshalb die Wartburg, eilte nach Wittenberg und hielt eine Reihe von Predigten, die nach dem Sonntag Invokavit, an dem sie begannen (9. März 1522), „Invokavit-Predigten" genannt werden. Er warnte vor schnellen praktischen Umgestaltungen und forderte Rücksichtnahme auf die „Schwachen", die Anhänger und Anhängerinnen der alten Kirche. Zunächst, so Luther, müssten die Gewissen der Menschen befreit und ihre innere Einstellung verändert werden, bevor man neue Sitten und Regeln einführen könne. Luthers Position setzte sich in Wittenberg durch.

Von März 1522 an lebte Luther wieder in Wittenberg, und nun vollzog sich eine weitere Weichenstellung seines Lebens: Er nahm Schritt für Schritt Abschied vom Mönchtum. Schon 1520/21 war er wegen Arbeitsüberlastung nicht mehr dazu gekommen, seine täglichen Gebetszeiten ordnungsgemäß einzuhalten. Auf der Wartburg hatte er erstmals weltliche Kleidung getragen. Als er im März 1522 in Wittenberg wieder in sein Kloster einzog, hatten dieses bereits fünfzehn von vierzig Mönchen verlassen. 1523 hatte er nur noch einen Mitbruder, und schließlich blieb Luther als Einziger übrig. Seine Freunde drängten ihn, das Mönchsleben aufzugeben und zu heiraten. Dazu entschloss sich Luther 1525, exakt zwanzig Jahre, nachdem er Mönch geworden war. Er heiratete eine Nonne, die ihr Kloster verlassen hatte und versorgt werden musste: Katharina von Bora.

Dem Ehepaar Luther wurden sechs Kinder geschenkt, von denen vier das Erwachsenenalter erreichten. Das Kloster der Augustiner-Eremiten wurde zu einem Wohnhaus umgestaltet, in dem es auch Platz für Gäste gab. Luther erhielt viel Besuch, und die Gäste wurden gerne zum Essen eingeladen. Dabei wurde nicht mehr, wie es im Kloster üblich war, geschwiegen, sondern Luther erzählte und dozierte, und manche Besucher notierten anschließend, was er von sich gegeben hatte. So entstanden die so genannten Tischreden: Sammlungen von Erzählungen und Aussprüchen Luthers, in denen sich manch Amüsantes, aber auch viele derbe Worte finden. Als Ehemann und Familienvater gab Luther auch das asketische Leben auf, das er als Mönch geführt hatte. Er aß und trank gerne, und so verwandelte sich allmählich auch sein äußeres Erscheinungsbild. Der energische Mönch des Jahres 1520 war ein ganz anderer als der gestandene Familienvater des Jahres 1546, wie die erhalten gebliebenen Bilder zeigen (Abb. 1, S. 31 und Abb. 3, S. 38).

Überschattet wurden die zwanziger Jahre durch einen großen Streit Luthers mit Erasmus. Der Humanist brach mit der Reformation, und Luther brach mit dem Humanismus. Erasmus hatte dem Reformator ursprünglich offen gegenüber gestanden und ihn sogar vor Angriffen in Schutz genommen. Doch allmählich ging er auf Distanz, weil ihm das Grobe und Gewaltsame der Reformation missfiel. Freunde drängten den Humanisten, sich öffentlich kritisch mit Luther auseinander zu setzen. Dies geschah im Jahre 1524, als Erasmus ein Buch „Über den freien Willen" (De libero arbitrio) verfasste, in dem er, auf Luthers 1518 in Heidelberg geäußerte Thesen zurückgreifend, dessen Behauptung bestritt, der Mensch habe Gott gegenüber keinerlei freien Willen. Erasmus trat für die Willensfreiheit ein und behauptete, der Mensch könne das göttliche Gnadenangebot annehmen oder ablehnen, sei also mitverantwortlich für sein eigenes Heil. Das Buch war in einem höflichen, zurückhaltenden Ton verfasst und wollte nicht provozieren. Außerdem glaubte der Verfasser, ein Randthema angesprochen zu haben, das nicht besonders heikel wäre. Doch Luther reagierte heftig, in der Sache und im Ton, und verfasste 1525 eines seiner theologisch bedeutendsten Werke, das Buch „Über den unfreien Willen“ (De servo arbitrio). Der Reformator blieb bei seiner Position, dass der Mensch in seinem Gottesverhältnis kein aktiv Gestaltender sei, sondern allein Gott der Handelnde, der Mensch aber der Empfangende. Erasmus überzog er mit Hohn und Spott. Damit war das Tischtuch zerschnitten. Erasmus wollte von der Reformation nichts mehr wissen und identifizierte sich wieder mehr und mehr mit der alten Kirche. Gegen Luther ließ er 1526/27 noch einmal ein Buch ausgehen, das zweibändige „Schutzschild der Streitschrift gegen den unfreien Willen Martin Luthers“ (Hyperaspistes diatribae adversus servum arbitrium Martini Lutheri). Wer böswillig war, konnte mit Ps 91,13 in den Titel auch hineinlesen: Einer, der über die Giftschlange Luther hinwegschreitet. Luther, der Erasmus schon vor längerem als „Viper“ beschimpft hatte, reagierte nicht mehr.

Während die reformatorische Umgestaltung der Kirche und der Gesellschaft in Wittenberg 1522, durch Luthers Intervention, vorläufig gestoppt worden war, machte sie andernorts große Fortschritte. Immer mehr Territorien und Städte entschieden sich für den neuen Glauben und ließen ihm auch gleich Taten folgen. Bedeutsam für die weitere Geschichte der Reformation wurde ein Reichstag, der in Speyer im Jahre 1526 zusammentrat. Einmütig beschloss die Versammlung, dass jeder Reichsstand bei den anstehenden Fragen seinem Gewissen folgen solle. Die evangelisch gesinnten Fürsten sahen dies als einen Freibrief zur Umsetzung der Reformation an. Doch dann kam ein weiterer Reichstag, wiederum in Speyer im Jahre 1529 und setzte diesen Beschluss durch Mehrheitsentscheid außer Kraft. Die Evangelischen wurden ultimativ aufgefordert, die eingeführten Neuerungen zurückzunehmen. Doch dagegen protestierten diese förmlich und mehrfach, weshalb die Anhänger der Reformation von 1529 an und bis heute als „Protestanten“ bezeichnet werden.

Luther war an diesen Ereignissen nicht direkt beteiligt. Er war an Wittenberg und an das Kurfürstentum Sachsen gebunden, denn nur dort war er sicher. Wenn Luther 1526 oder 1529 nach

Abb. 3: Luther im Jahre 1546

Speyer gereist wäre, hätten ihn katholische Obrigkeiten unterwegs festgenommen und er wäre über kurz oder lang auf dem Scheiterhaufen geendet. Der Reformator hatte jedoch anderes im Sinn als ein Märtyrer zu werden. In Wittenberg ging er weiter seinen Lehrverpflichtungen nach und legte die Bibel aus, predigte auch noch regelmäßig und griff in reformatorische Auseinandersetzungen hier und da durch Schriften ein. Außerdem verfasste er zahlreiche Briefe und Gutachten, mit denen er andernorts Einfluss nahm. Sein großes Werk der Spätzeit war die Übersetzung nunmehr auch des Alten Testaments aus seiner Ursprache, dem Hebräischen, ins Deutsche. Erst 1534 war diese abgeschlossen und die „Luther-Bibel" vollendet. Von Krankheiten gezeichnet, in seinem Wesen ungeduldig und jähzornig geworden, starb Luther am frühen Morgen des 18. Februar 1546 in Eisleben, zufällig in seinem Geburtsort, wohin er gereist war, um einen Streit zu schlichten. Begraben wurde Luther jedoch nicht dort, sondern in Wittenberg, im Innern der Schlosskirche, wo sein Grab noch heute besucht werden kann.

Luther hatte die Reformation angestoßen, doch schon Mitte der 20er Jahre lief sie ohne ihn, und seine Möglichkeiten, Einfluss auszuüben, nahmen als Folge der in Vorsicht begründeten Reisebeschränkung ab. Luthers Kollege Melanchthon wurde zum führenden Mann der Wittenberger Reformation und hatte vor allem die auswärtigen Termine wahrzunehmen. Ein erstes Großereignis, bei dem nicht Luther, sondern Melanchthon die Fäden in der Hand hatte, war der Reichstag von Augsburg im Jahre 1530.

Philipp Melanchthon

Philipp Melanchthon war der zweite große Reformator neben Luther. Er vertrat die Reformation nach außen, gab der reformatorischen Theologie ihr Gewand und gestaltete das reformatorische Kirchen-, Schul- und Universitätswesen, weshalb ihm schon Mitte der 90er Jahre des 16. Jahrhunderts der Ehrentitel „Lehrer Deutschlands" (Praeceptor Germaniae) beigelegt wurde. Melanchthon war, anders als Luther, Humanist, gut bekannt mit Erasmus und entfernt verwandt mit Reuchlin. Er wurde als Humanist zum Reformator und blieb als Reformator Humanist. Dies zeigte sich in seinem – nicht umstrittenen – Interesse an Bildung, aber auch in seinem – durchaus umstrittenen – Interesse an Eintracht und Frieden. Schon beim Reichstag von Augsburg trat

Melanchthon vorsichtig und kompromissbereit auf, so vorsichtig, dass ihn manche, eine saloppe Bemerkung Luthers aufgreifend, als „Leisetreter" diffamierten. Melanchthon war, im Grunde wie Erasmus, Ireniker, und das lag bei ihm auch in Erfahrungen seiner Kindheit und Jugend begründet.

Melanchthon wurde am 16. Februar 1497 in Südwestdeutschland in der kleinen Stadt Bretten geboren, die damals zur Kurpfalz gehörte. Schon als Kind wurde er dort Zeuge eines Krieges, und sein Vater wurde früh das Opfer des Kriegshandwerks: Von Beruf Schmied, starb er an Vergiftungen, die er sich durch den Umgang mit schadstoffhaltigen Metallen beim Herstellen von Rüstungen und Geschützen zugezogen hatte. Die Angst vor Krieg und die Sehnsucht nach Frieden begleitete Philipp Melanchthon durch sein ganzes Leben.

Schon als Kind, durch seinen Hauslehrer in Bretten, wurde Melanchthon humanistisch geprägt, und das setzte sich in der Pforzheimer Lateinschule, die er von 1508 an besuchte, fort. In dieser Zeit hatte er erstmals direkten Kontakt mit Reuchlin, einem entfernten Verwandten mütterlicherseits. Der Gelehrte schenkte ihm 1509 eine griechische Grammatik, und er schenkte ihm auch seinen Namen. Melanchthon hieß nämlich eigentlich Schwartzerdt, und Reuchlin hat diesen Nachnamen ins Griechische übersetzt. Humanisten liebten gräzisierte oder latinisierte Namen. Erasmus nannte sich Desiderius und Reuchlin Capnion, und Luder bevorzugte Luther. Die Namensverwandlung war den Gelehrten vor allem dann wichtig, wenn der eigentliche Name zu volkstümlich oder gar ungebildet klang. Später hat Melanchthon seinen Namen in „Melanthon" verkürzt, weil er als Folge eines kleinen Sprachfehlers Schwierigkeiten mit der Aussprache hatte.

Auf die Schule in Pforzheim folgte im Oktober 1509 die Universität Heidelberg, und im Januar 1514 legte Melanchthon in Tübingen sein Magisterexamen ab. Als 16-Jähriger besaß er einen Universitätsabschluss. Melanchthon war hoch intelligent und frühreif. Auch in Heidelberg und in Tübingen bewegte er sich im Milieu des Humanismus. Reuchlin verschaffte ihm Zugang zu den örtlichen humanistischen Gelehrten und hielt auch selbst ständigen Kontakt mit seinem Großneffen. In die Tübinger Zeit fällt ferner die erste Berührung Melanchthons mit Erasmus. Nach seinem Magisterexamen begann Melanchthon in Tübingen mit dem Theologiestudium, doch sein eigentliches Interesse galt der griechischen und römischen Antike. Hineinverwickelt wurde er auch in die Reuchlinistenfehde, und er nahm natürlich Partei für seinen Großonkel. Dessen Wertschätzung der Kabbala teilte er jedoch nicht. In den „Dunkelmännerbriefen" wird Melanchthon als Reuchlinist erwähnt, hat aber nicht zu dem Werk beigetragen. Ob er 1517/18 in Tübingen von Luthers Ablassthesen wusste, ist nicht bekannt. Melanchthon entwickelte sich zu einem ausgezeichneten Gräzisten und war auf dem besten Weg, ein herausragender humanistischer Gelehrter zu werden, vergleichbar mit einem Erasmus.

Doch im Jahre 1518 kam es in Melanchthons Leben zu einer Wende. In Wittenberg wurde ein Mann für den neu eingerichteten Lehrstuhl der griechischen Sprache gesucht. Reuchlin war angefragt worden, schlug aber sogleich seinen Großneffen vor. Luther hatte zwar andere Pläne, doch das entscheidende Wort sprach der Kurfürst. Er hörte auf Reuchlin und berief Melanchthon. Im August 1518 kam Melanchthon nach Wittenberg und löste, jung, klein und schmächtig, wie er war, zunächst Befremden aus. Doch dann hielt er am 28. August 1518 seine Antrittsrede „Über die Notwendigkeit, die Studien der Jugend grundlegend neu zu gestalten" und entfaltete ein humanistisches Bildungsprogramm, das alle Wittenberger, Luther eingeschlossen, sofort begeisterte. Melanchthon wollte nicht nur die alten Sprachen, sondern auch Geschichte und Mathematik in das Studium integrieren. Der humanistische Gelehrte geriet in seinem neuen Wirkungsort in den Bann Luthers und in den Bann der Reformation. „Ich habe von Luther das Evangelium gelernt", bekannte er später in seinem Lebensrückblick. Doch zunächst betätigte sich Melanchthon als Griechisch- und auch als Hebräischlehrer.

An der Seite Luthers trat Melanchthon erstmals in Leipzig 1519 auf und fiel den Gegnern auf, weil er Luther und dem ebenfalls an der Disputation beteiligten Karlstadt Argumente zuflüsterte. Vermutlich versorgte er sie mit geschichtlichen Hintergrundinformationen zu ihrer Kritik an Papsttum und Konzilien, denn in der Geschichte kannte er sich besser aus als die beiden Doktoren der Theologie. Am 10. Dezember 1520 organisierte er in Wittenberg die Bücherverbrennung vor dem Elstertor. Stärker gefordert war Melanchthon 1521/22, als er ein Stück weit Luther zu vertreten hatte. An dessen Übersetzungsarbeit wirkte er im Hintergrund mit, wenn es um sprachliche Probleme ging, denn Melanchthon konnte weitaus besser Griechisch als Luther. Das setzte sich auch später so fort, als Hebräischkenntnisse eine Rolle spielten. Die Luther-Bibel ist eigentlich eine Luther-Melanchthon-Bibel. In Wittenberg beteiligte sich Melanchthon an den Umgestaltungen der Kirche. Er war der Erste, der es wagte, das Abendmahl in beiderlei Gestalt, mit Brot und Wein, zu feiern, am 29. September 1521, im kleinen Kreis, mit einigen Studenten.

Eine führende Rolle in der Wittenberger Reformation übernahm Melanchthon 1521, indem er erstmals seine „Hauptpunkte der Theologie“ (Loci communes rerum theologicarum) herausgab, das erste Lehrbuch der evangelischen Theologie überhaupt. Während Luther vor allem theologische Gelegenheitsschriften verfasste, aber keine systematisch aufgebaute, strukturierte Gesamtdarstellung seines Denkens, entwickelte sich Melanchthon zum Dogmatiker oder Systematiker der Reformation, obwohl er sein in Tübingen begonnenes, in Wittenberg fortgesetztes Theologiestudium nie beendete. An seinen Loci hat er zeitlebens weiter gearbeitet, er hat sie umformuliert und ausgestaltet und sogar ins Deutsche übersetzt. Viele andere evangelische Theologen sind dem Vorbild seines Lehrbuchs gefolgt. Luther hatte schon 1519, nach der Leipziger Disputation, die theologische Begabung Melanchthons erkannt und bemerkte im Dezember unter Anspielung auf Melanchthons Kleinwüchsigkeit und dessen Profession: „Dieser kleine Grieche übertrifft mich sogar in der Theologie.“

Melanchthons Loci leiteten die Theologie auf neue Wege, nicht nur inhaltlich, sondern auch methodisch. Inhaltlich versuchte Melanchthon, die Ideen Luthers zu Ende zu denken und ihnen eine geschlossene sprachliche Form zu geben. Die Loci bieten u. a. eine Anthropologie, eine Rechtfertigungslehre, eine Hermeneutik und eine Sakramentenlehre im reformatorischen Geist. Methodisch griff Melanchthon eine Idee des Humanismus auf, die dort in der Rhetorik ihren Sitz im Leben hatte. Die neue Methode kündigte sich schon im Titel des Lehrbuches an. „Loci“ bieten kein geschlossenes, vollständiges System, sondern behandeln Hauptpunkte unter praktischer Abzweckung und wollen, wie Erasmus in seiner Predigtlehre, den Studenten anregen, selbst Material zu sammeln. Melanchthon sprach die Themen an, die aktuell und für die Praxis relevant waren, ließ aber viele andere Themen, die üblicherweise in Lehrbüchern der Theologie verhandelt wurden, außen vor: die Gotteslehre, die Christologie, die Schöpfungslehre, die Eschatologie. Prägnant formulierte er in der Einleitung: Die Geheimnisse der Gottheit sollten wir lieber anbeten als erforschen. Später allerdings, so ist einzugestehen, blieb Melanchthon diesen Grundsätzen nicht ganz treu. Die späteren großen, erheblich veränderten Neuausgaben seines epochemachenden Werkes von 1535 und 1544 haben sich hinsichtlich der Themen, die behandelt werden, traditionellen Lehrbüchern wieder angenähert. In der Methode, vor allem in der praktischen Abzweckung blieb sich Melanchthon aber treu.

Die Loci waren für Theologen und angehende Theologen gedacht. Melanchthon schuf aber zweitens auch Lehrbücher für nahezu alle anderen Gebiete des Wissens (Latein, Griechisch, Rhetorik, Dialektik, Ethik, Geschichte, Anthropologie) und für den Universitäts- ebenso wie für den Schulunterricht und gestaltete Schul- und Universitätsordnungen. Die Reformation war auch eine Bildungsbewegung, wie der Humanismus, und Melanchthon leistete, weil er selbst ein Universalgelehrter war, dazu die wichtigsten Beiträge. Mit Recht hat man ihn später „Lehrer Deutschlands“ genannt. Manche seiner Lehrbücher wurden noch im 18. Jahrhundert verwendet, und einige waren sogar an katholischen Bildungseinrichtungen in Gebrauch.

Der dritte große Beitrag Melanchthons zur Reformation und zur Theologie der Reformation neben den Loci und den Lehrbüchern ist das Augsburger Bekenntnis von 1530, lateinisch „Confessio Augustana“ oder kurz CA. Im Vorfeld des für 1530 anberaumten Reichstages hatte der Kaiser die Evangelischen aufgefordert, der Reichsversammlung ihren Glauben darzulegen. Er wolle, so der Kaiser, den Zwist friedlich beilegen. Die Evangelischen schöpften Hoffnung, mit ihrem Glauben vom Kaiser akzeptiert zu werden, und gingen mit großem Eifer an die Ausarbeitung eines Textes, den man als gemeinsames Glaubensbekenntnis präsentieren konnte. Melanchthon kam dabei die Hauptverantwortung zu, weil Luther aus den bekannten Sicherheitsgründen nicht nach Augsburg reisen konnte. Luther näherte sich dem Tagungsort so weit es ging an und nahm Quartier auf der Coburg im heutigen nördlichen Bayern, die damals zum Kurfürstentum Sachsen gehörte. Die Hoffnungen der Evangelischen wurden in Augsburg rasch zunichte gemacht, da sich der Kaiser sofort deutlich als Anhänger des alten Glaubens gebärdete, evangelische Predigten in der Stadt verbot und die Teilnahme an einer Fronleichnamsprozession anordnete. Melanchthon arbeitete mit anderen evangelischen Theologen und in ständiger Abstimmung mit den evangelischen Fürsten am Text des Bekenntnisses. Er wollte der anderen Seite signalisieren, dass die Reformation in ihren Grundsätzen auf dem Boden des allgemein Christlichen stehe, in zentralen Punkten also Übereinstimmung herrsche und nur dort an der alten Kirche Kritik geübt werde, wo sich „Missbräuche" eingeschlichen hätten. Die CA hat deshalb eine markante Zweiteilung. Im ersten Teil werden Themen wie die Gotteslehre und das Sündenverständnis, aber auch die Lehre von der Kirche und von den Sakramenten verhandelt, insgesamt einundzwanzig Punkte, in denen – angeblich – Übereinstimmung herrsche. Im zweiten werden in nur sechs Punkten strittige Fragen wie der Laienkelch, das Zölibat, die Messopferlehre (die Lehre, bei der Messe werde das Opfer Christi wiederholt) und die Mönchsgelübde diskutiert. Dieses Vorgehen, das man als geschicktes Taktieren oder als ernsthaftes Angebot zum Kompromiss ansehen kann, war in Augsburg jedoch nicht erfolgreich. Die anwesenden katholischen Theologen und ihnen folgend der Kaiser wiesen die CA zurück und bekräftigten die Verurteilung Luthers und seiner Anhänger. Erst 450 Jahre später, im Umfeld des Jubiläums 1980, haben anerkannte Theologen der katholischen Kirche zugestanden, dass die CA Positionen formuliere, denen sie zustimmen könnten.

Melanchthon hätte mit diesem späten Erfolg seiner Arbeit nicht gerechnet. In Augsburg standen die Signale nach dem Scheitern der CA auf Sturm. Die Evangelischen fürchteten, der Kaiser und die katholischen Fürsten würden mit Waffengewalt wider sie vorgehen. Aus diesem Grund wurden Pläne für ein Verteidigungsbündnis geschmiedet, das am 27. Februar 1531 zustande kam und, weil der Verhandlungsort die Stadt Schmalkalden am Südwest-Abfall des Thüringer Waldes war, als Schmalkaldischer Bund bezeichnet wurde und wird. Den Theologen, allen voran Luther und Melanchthon, waren diese militärischen Pläne der Fürsten allerdings zunächst alles andere als genehm. Ein Grundprinzip der Wittenberger Reformation war seit den Unruhen 1521/22, dass mit dem Wort und nicht mit Waffen gekämpft werden sollte. Außerdem wurden generell die politischen Obrigkeiten anerkannt, als von Gott eingesetzt, und jedes Widerstandsrecht abgelehnt, selbst gegen Tyrannen. Auf diesem Hintergrund schien es problematisch, nun einem Militärbündnis der Evangelischen gegen den Kaiser zuzustimmen. Doch Luther und Melanchthon ließen sich von den Politikern und Juristen überzeugen, dass das Bündnis ja nur im Sinne der Notwehr der Verteidigung der Menschen, nicht der Ausbreitung der Reformation diene und außerdem der Kaiser als gewählte Obrigkeit seinen Anspruch auf Gehorsam verliere, wenn er seine Macht missbrauche.

Wider den allgemeinen Erwartungen und wider Melanchthons Befürchtungen kam es jedoch nicht zum Krieg, sondern es kehrte wieder Ruhe ein und die Reformationsbewegung nahm erneut an Kraft zu. Große und bedeutende Territorien wie das Herzogtum Württemberg im Jahre 1534 schlossen sich der Reformation an, und Melanchthon wirkte bei der Neugestaltung der Universität Tübingen mit. Der Kaiser hatte Wichtigeres zu tun, als die Reformation zu bekämpfen: Die Türken bedrohten das Reich. Alle militärischen und finanziellen Anstrengungen mussten darauf ausgerichtet werden, diese Gefahr abzuwenden. Aus diesem Grund kam es bei einem Reichstag in Nürnberg im Jahre 1532 zu einem Schulterschluss zwischen den Evangelischen und dem Kaiser: Das Wormser Edikt und die mit ihm verbundene Bedrohung der Evangelischen wurde ausgesetzt („Nürnberger Anstand"). Wenig später, im Frühjahr 1535, kündigte der Papst die Einberufung eines Konzils nach Mantua an, das die Glaubensfrage behandeln und lösen sollte. Eine friedliche Einigung schien wieder in Sicht.

Doch Melanchthon und Luther waren hinsichtlich des Konzils und seiner Erfolgsaussichten skeptisch. Anlässlich einer Bundesversammlung in Schmalkalden im Februar 1537 legte Luther ein Privatbekenntnis vor, das die evangelische Lehre pointiert und – vor allem gegenüber dem Papsttum – unversöhnlich formulierte, die später so genannten Schmalkaldischen Artikel, die, obwohl sie damals nicht förmlich angenommen wurden, neben der CA und anderen Texten Teil der lutherischen Bekenntnisschriften geworden sind. Melanchthon hat, Luther widersprechend, damals erklärt und zu Papier gebracht, er könne einen Papst als Oberhaupt der Kirche akzeptieren, wenn dieser evangelische Lehre zulasse. Die Türkengefahr interpretierte Melanchthon wie auch Luther auf eigene Weise: Die Türken seien die Zuchtrute Gottes, mit der Gott die sündige abendländische Christenheit bestrafe. Die militärische Abwehr im Äußeren sei zwar richtig, aber entscheidend seien Buße und Umkehr im Innern.

Die Abwehr der Türken gelang, aber das Konzil kam nicht zustande, und der Kaiser wandte sich erneut den inneren Problemen des Reiches und der religiösen Spaltung zu. Humanistische Berater legten ihm nahe, eine friedliche Einigung auf Reichsebene durch Religionsgespräche zu suchen. Dieser Weg war noch unbeschritten und entsprach humanistischen Idealen. Das erste Gespräch fand 1540 in Hagenau statt. Weitere Gespräche folgten 1540/41 in Worms und Regensburg. Melanchthon war der Hauptvertreter der evangelischen Seite. Den Theologen gelang es in mühsamen Verhandlungen, ein Konsenspapier zur Rechtfertigungslehre zu formulieren. Doch Luther reagierte zurückhaltend, und aus Rom kam ein klares Nein. Die Religionsgespräche waren gescheitert, und Melanchthon rechnete erneut mit Krieg.

Rom entschied sich in dieser Zeit definitiv für ein Konzil. 1544 wurde es nach mehrmaligen Verschiebungen einberufen und nach weiteren Verzögerungen am 13. Dezember 1545 in Trient eröffnet. Die Evangelischen verweigerten sich geschlossen, weil sie dieses Konzil unter der Aufsicht des Papstes nicht, wie von ihnen gefordert, als „frei“ und „christlich“ erachten konnten. 1546 starb Luther. Melanchthon hielt eine Trauerrede, stellte Luther in eine Reihe mit großen Gestalten der Christentumsgeschichte wie Augustin von Hippo und Bernhard von Clairvaux und versäumte nicht, das Wittenberger Publikum darauf hinzuweisen, dass der Tod großer Männer immer kommendes Unheil ankündige. Und so sollte es auch tatsächlich geschehen. Bereits im Juni desselben Jahres blies der Kaiser zum Krieg.

Alleine hätte der Kaiser den Krieg gegen den Schmalkaldischen Bund nicht wagen können. Doch er fand namhafte Unterstützer, und zwar nicht nur katholische Staaten wie das Herzogtum Bayern, sondern auch ein wichtiges evangelisches Territorium: Das Herzogtum Sachsen, das sich 1539 der Reformation angeschlossen hatte, kämpfte gemeinsam mit dem katholischen Kaiser und den katholischen Fürsten, weil sich der Landesherr, Moritz von Meißen, davon politischen Gewinn versprach. Der Kaiser hatte ihm Gebietserweiterungen und die Erhöhung zum Kurfürstentum zugesagt. Die Empörung im evangelischen Lager über den „Judas von Meißen", den Verräter, war groß, aber das änderte nichts an der Tatsache. Den Sieg hatte der Kaiser schnell in der Tasche. Am 24. April 1547 endete die Schlacht bei Mühlberg an der Elbe mit einer Niederlage der Evangelischen. Von den Kämpfen war auch Wittenberg betroffen. Studenten und Professoren flohen, und die Universität wurde geschlossen. Melanchthon harrte in der Stadt aus, solange es möglich war.

Im September 1548 tagte in Augsburg wieder ein Reichstag. Man hat ihn später wegen der Schärfe in Stil und Sache den „geharnischten" genannt. Der Kaiser setzte ein Religionsgesetz durch, das den Evangelischen katholisches Brauchtum und katholische Lehre vorschrieb und ihnen nur den Laienkelch und die Priesterehe zugestand. Da diese Bestimmungen interimistische Geltung haben sollten, bis zu einer endgültigen Lösung des Konflikts durch ein Konzil, sprach man vom „Augsburger Interim". Melanchthon war entsetzt und betrübt. Die Reformation schien, dreißig Jahre nachdem sie begonnen hatte, am Ende. Mit der Macht der Gewehrläufe wurde vor allem in Süddeutschland den neuen Religionsbestimmungen Geltung verschafft. Viele evangelische Geistliche flohen oder gingen in den Untergrund. Melanchthon jedoch verfolgte einen anderen Plan. Als Konsequenz der Niederlage der Evangelischen war Wittenberg mit seiner Universität dem Herzogtum Sachsen einverleibt worden, und dieses erhob der Kaiser tatsächlich zum Kurfürstentum. Das ehemalige Kursachsen dagegen war territorial beschnitten, zum Herzogtum degradiert und sein Landesherr, Johann Friedrich, in Gefangenschaft. Melanchthon war also Untertan des „Judas“. Seiner humanistischen Gesinnung gemäß setzte er aber nicht auf Widerstand, sondern auf Verhandlungen. Er plante für das neue Kursachsen ein Sondergesetz, welches das Augsburger Interim umgehen sollte. Sein Vorhaben sah so aus, dass evangelische Lehre weiterhin praktiziert und nur in äußerlichen Dingen wie den Feiertagen und den gottesdienstlichen Gewändern Zugeständnisse gemacht werden sollten. So hoffte er die evangelische Kirche wenigstens im Kerngebiet der Reformation zu retten. Melanchthons in Kontakt mit kursächsischen Beamten und dem Kurfürsten erarbeitetes Programm wurde als „Leipziger Interim“ bezeichnet. Das Vorhaben erlangte zwar nie Gesetzeskraft, weil sich die politische Lage erneut veränderte, doch Melanchthon erntete ob seines Vorhabens heftige Kritik. Er wurde, sogar von früheren Schülern und Freunden, als Verräter der Reformation angefeindet, was ihn zutiefst verletzt hat.

1545 hatte das vom Papst einberufene Konzil begonnen, 1546 war es wegen des Krieges unterbrochen worden und 1551 setzte es seine Zusammenkünfte fort. Nachdem die Evangelischen in der ersten Konzilsphase ihre Teilnahme verweigert hatten, zwang sie der Kaiser nach ihrer Niederlage, zur zweiten Sitzungsperiode Vertreter zu entsenden. Für Kursachsen hatte sich Melanchthon auf den Weg zu machen, er musste aber seine Reise wegen äußerer Umstände abbrechen. Andere Reformationstheologen und politische Gesandte evangelischer Territorien aber waren in Trient, brachten eigens für diesen Zweck neu formulierte evangelische Bekenntnisse mit und kamen im Januar 1552 sogar zu Wort.

Melanchthon gelangte im Januar 1552 nicht weiter als bis Nürnberg und das Leipziger Interim trat nicht in Kraft, weil Moritz von Sachsen 1552 einen weiteren Krieg führte und gewann, diesmal allerdings – mit katholisch-französischer Unterstützung – gegen den Kaiser. Dieser wurde im Mai regelrecht überrumpelt und verließ Deutschland fluchtartig. Moritz hatte sich zum Krieg entschlossen, weil der Kaiser nicht alle seine Versprechungen erfüllt hatte. Der zweifache Verräter stand nach dem „Fürstenkrieg" als doppelter Sieger da, und die Reformation war gerettet. Schon im Juni 1552 wurde in Passau verhandelt und im „Passauer Vertrag" den Evangelischen Duldung gewährt. 1555 tagte in Augsburg ein weiterer Reichstag, der einen Religionsfrieden beschloss, der die Angehörigen der CA den Katholiken gleichstellte und ausdrücklich bestimmte, dass jeder Landesherr selbst entscheiden dürfe, ob er dem alten oder dem neuen Glauben angehören wolle (ius reformandi) und seine Untertanen ihm folgen müssten: Wer regiert, bestimmt die Religion (cuius regio, eius religio). Das Recht auszuwandern (beneficium emigrandi) wurde den anders glaubenden Untertanen jedoch eingeräumt. Freilich: Diese Bestimmungen sollten nur interimistisch gelten bis zu einer immer noch erhofften Klärung der theologischen Fragen durch ein Konzil. Doch die Augsburger Regelungen hatten dauerhaft Bestand und bescherten Deutschland die bislang längste Friedensperiode seiner Geschichte. Sie währte von 1552 an gerechnet 66 Jahre, bis 1618, als der Dreißigjährige Krieg begann. Und Melanchthons Bekenntnis von 1530 war in den Rang eines Verfassungsdokumentes des Reiches erhoben worden.

Melanchthon war unter den Reformatoren einer von wenigen, die wirklich die ganze Reformationsgeschichte vom Anfang 1517 bis zum Ende 1555 miterlebt haben. Die letzten Entwicklungen beobachtete er aber nur noch müde von ferne. An einen wirklichen Frieden glaubte er nicht mehr, und auch nicht an die Möglichkeit einer religiösen Einigung durch theologische Gespräche und Verhandlungen. Wider Willen hatte er 1557 noch einmal an einem Religionsgespräch teilzunehmen, zum zweiten Mal in Worms. Doch wie alle früheren verlief es im Sande. Es scheiterte allerdings nicht am evangelisch-katholischen Gegensatz, sondern bereits an innerevangelischen Konflikten. Die anwesenden evangelischen Theologen, allesamt eigentlich Lutheraner, beschimpften und bekämpften sich gegenseitig. So zerspalten war das evangelische Lager elf Jahre nach Luthers Tod. Melanchthon war über diese Entwicklungen zutiefst betrübt, zog sich zurück in das Gebet und sehnte sich nach dem Tod, den er sich als Eingang in eine „himmlische Akademie" vorstellte: das ewige Leben als Universität mit Christus als Lehrer. Auf einem Zettel schrieb er damals Gründe nieder, warum man den Tod nicht fürchten müsse, darunter: Du wirst befreit von der Wut der Theologen. Am 19. April 1560 starb Melanchthon in Wittenberg und wurde wie Luther in der Schlosskirche bestattet.

Martin Bucer

Melanchthon hat die ganze Reformationszeit miterlebt, von der Thesenveröffentlichung bis zum Religionsfrieden, und hat auch die Krisenzeit 1546–1552 durchstanden, als viele aufgaben oder flohen. Martin Bucer (Butzer) gehörte zu denen, die damals Deutschland verließen. Er ging nach England. Dort hat er allerdings die Reformation auch befruchtet. Freilich blieb seine Wirkung auf der Insel begrenzt, da er bereits 1551 starb.

Den Anschluss an Luther und an die Reformation hatte Bucer bereits im Jahre 1518 gefunden. Als junger Student wohnte er in Heidelberg als Zuhörer der Disputation Luthers bei und war sofort überzeugt von dem, was Luther sagte. Bucer war wie Luther Mönch, als er in Heidelberg studierte, gehörte allerdings dem Dominikanerorden an. Schon im Jahre 1507 war er in Schlettstadt im Elsass, seiner Heimatstadt, in das Kloster eingetreten. Er war damals erst sechzehn Jahre alt. Geboren worden war er im Jahre 1491, und zwar am 11. November und hatte deshalb wie Luther den Vornamen Martin. 1521 ließ er sich ähnlich wie Erasmus, aber unter dem Einfluss der Reformation von seinen Ordensgelübden förmlich befreien, wirkte an verschiedenen Orten im Sinne der Reformation und heiratete Elisabeth Silbereisen, eine Nonne, die wie Luthers Ehefrau ihr Kloster verlassen hatte. 1523 gelangte Bucer mehr oder weniger zufällig nach Straßburg. Die Reichsstadt am Rhein wurde ihm zur Heimat. 25 Jahre lang wirkte er in Straßburg und vollbrachte dort seine wichtigste Lebensleistung als Reformator. Als Fremder neben anderen, ortsstämmigen Reformatoren hatte er sich langsam hochzuarbeiten, erlangte aber im Jahre 1531 die Leitungsfunktion der Straßburger Kirche als Präsident des Kirchenkonvents. Eine ausschlaggebende Rolle hatte Bucer schon zuvor 1525 bei der Schaffung einer evangelischen Gottesdienstordnung und 1529 bei der Abschaffung der katholischen Messe gespielt. 1530 zeichnete er außerdem mitverantwortlich für ein evangelisches Bekenntnis, das neben der Confessio Augustana dem Augsburger Reichstag vorgelegt wurde und als das „Vierstädtebekenntnis" (Confessio Tetrapolitana) in die Geschichte eingegangen ist, weil es außer von Straßburg auch von Konstanz, Lindau, und Memmingen unterzeichnet wurde.

Bucer war ein origineller und hervorragender Theologe und ein fähiger Organisator und Gestalter. Unter seiner Federführung wurden in Straßburg Ideen entwickelt, die über das Reformationszeitalter hinaus wiesen. Zum Beispiel wurde über die Einführung des kirchlichen Amtes der Diakonin nachgedacht, also über ein Frauenamt in der Kirche. Aus Luthers und Melanchthons Sicht sollten kirchliche Ämter nur für Männer bestimmt sein. In Straßburg aber erinnerte man sich daran, dass es in der frühen Christenheit Diakoninnen gegeben hatte. Ferner wurde die Gründung spezieller kirchlicher Gemeinschaften erwogen, einer Art Hauskreise, in denen sich die Frommen innerhalb der Kirche, zusätzlich zu den Gemeindegottesdiensten versammeln und sich gegenseitig erbauen, aber auch ermahnen sollten. Und schließlich blitzte auch der Gedanke auf, eine Konfirmation einzuführen, als Ersatz für das abgeschaffte katholische Sakrament der Firmung und als Ergänzung oder vielmehr Bestätigung der Taufe, die ja an unmündigen und sprachlosen Säuglingen vollzogen wurde. In Straßburg und im 16. Jahrhundert wurden diese Ideen nicht oder nur ansatzweise umgesetzt, sie entfalteten aber in späterer Zeit große Wirkung und sind heute feste Bestandteile evangelischen Kirchenwesens.

Bucer war wie Melanchthon humanistisch geprägt, und wie Melanchthon ließ ihn die Idee, die kirchliche Einheit zu wahren oder vielmehr wiederherzustellen, nicht los. Wie Melanchthon, aber noch sehr viel entschlossener als dieser beteiligte er sich an den Religionsgesprächen der 40er Jahre. Bucer hoffte, dadurch den Weg zu einem Nationalkonzil ebnen zu können, das die anstehenden Fragen ohne Einmischung des Papstes klären sollte. Theologisch grundlegend war für Bucer die Unterscheidung zwischen zentralen und nachgeordneten Glaubensartikeln.

Beim ersten Religionsgespräch, dem von Hagenau im Juni 1540, war Bucer anders als Melanchthon, der in Weimar krank danieder lag, anwesend. Allerdings scheiterten die Verhandlungen dort schon an der Frage, worüber überhaupt diskutiert werden sollte. Die Altgläubigen wollten an die Verhandlungen am Rande des Augsburger Reichstags anknüpfen. Bucer und seine Kollegen jedoch meinten, die CA selbst solle als Ausgangspunkt genommen werden. Die Verhandlungen wurden vertagt. Das zweite Gespräch, an dem auch Melanchthon teilnahm, war im Winter 1540/41 in Worms. Auch dort hielt man sich lange mit Verfahrensfragen auf, trat dann aber in die Diskussion von Sachfragen ein. Wichtiger als die offiziellen Gesprächsrunden waren jedoch Geheimverhandlungen, die in den letzten beiden Dezemberwochen stattfanden und in die Melanchthon nicht einbezogen war. Bucer sprach, unterstützt von seinem Straßburger Kollegen Capito, mit dem katholischen Reformtheologen Johannes Gropper aus Köln. Die treibende Kraft war der Erste Staatsrat des Kaisers, der burgundische Jurist Nicolas Perrenot de Granvelle. Am Schluss lag das aus 23 Artikeln bestehende „Wormser Buch" auf dem Tisch, und den Verhandelnden war es gelungen, zu den hoch brisanten Themen Bibel, Tradition, kirchliches Amt, Erbsünde, Rechtfertigung, fromme Werke, Kirche, Sakramente, Zeremonien ein Einverständnis zu erzielen. Kontrovers waren nur noch die Themen Stillmessen, Heiligenverehrung und Beichtpflicht. Besondere Bedeutung kam den Ausführungen zur Rechtfertigung zu. Das Wormser Buch stellte die Lehre von der doppelten Rechtfertigung auf: Einer Rechtfertigung ohne Werke, aufgrund der Verdienste Christi, durch den Glauben wurde eine zweite durch Werke, die mit Gottes Hilfe aus dem Glauben und der Liebe folgten, zugeordnet. Die erste wurde Wiedergeburt, die zweite Heiligung genannt. Die zweite Rechtfertigung, so wurde erklärt, sei aber unvollkommen, weswegen der Mensch sein Vertrauen ganz auf die Verdienste Christi setzen solle.

Der Wormser Kompromisstext, eine Vorstufe zu einem möglichen Unionsbekenntnis, sollte beim nächsten Religionsgespräch, das nach Regensburg einberufen wurde, als Vorschlag des Kaisers zur Verhandlungsgrundlage gemacht werden. Melanchthon und

Luther erhoben, als ihnen die Sache bekannt wurde, Einspruch, doch das konnte den Gang der Dinge zunächst nicht aufhalten. Im April, Mai, Juni und Juli 1541 wurde in Regensburg, wie vom Kaiser gewünscht, verhandelt. Doch nun hatte, wie schon geschildert, Melanchthon und nicht mehr Bucer das Heft in der Hand. Am Ende lag dann aber doch wieder das schon vorgestellte konstruktive Ergebnis, nunmehr als „Regensburger Buch“ auf dem Tisch. Das ebenfalls schon dargestellte schließliche Scheitern führte bei Bucer zu einer schweren Enttäuschung und zur Resignation. Aber er hatte in den Gesprächen erkannt, dass die „Gegner“ ernst zu nehmende Mitchristen sind.

Der in Hagenau, Worms und Regensburg gefestigte Kontakt zu Gropper zeitigte 1542 andernorts Wirkungen. Kein Geringerer als der Erzbischof von Köln, Hermann von Wied, als Kurfürst einer der mächtigsten Männer des Reiches, sympathisierte als erster Bischof im Reich überhaupt offen mit der Reformation. Bucer hatte er in Hagenau persönlich kennen gelernt, und im Februar 1542 lud er Bucer in sein Jagdschloss Buschhoven im Kottenforst ein, um mit ihm und mit Gropper über Reformmaßnahmen zu beraten. Bucer war begeistert von diesem Vorhaben des Kölners. Er holte Melanchthon mit ins Boot. 1543 arbeiteten die beiden eine reformatorische Kirchenordnung aus, die maßvolle Veränderungen vorsah. Starker Widerstand gegen das Ansinnen kam jedoch vom Domkapitel, und auch Gropper, dem das alles zu weit ging, wechselte die Seite. Im Juli 1543 wurde in Köln das Abendmahl evangelisch, unter beiderlei Gestalt gefeiert. 1544 sagte sich der Erzbischof vom Papst los. Darauf drohte der Kaiser, ihm die politische Herrschaft zu entziehen, und forderte ihn ultimativ zur Abstellung der Neuerungen auf. Rom exkommunizierte den Bischof 1546 und setzte ihn ab. Von Wied appellierte darauf an ein Konzil und an den Reichstag. Doch kaiserliche Kommissare kamen Ende 1546 in sein Fürstentum, riefen einen Landtag zusammen und entmachteten ihn. Die Präsenz kaiserlicher Truppen im nahe gelegenen Herzogtum Geldern spielte dabei eine wichtige Rolle. Im Januar 1547 zog sich Hermann von Wied auf seine Privatgüter zurück. Der von Gropper angestoßene, von Bucer durchgeführte und von Melanchthon begleitete Versuch einer Kölner Reformation war gescheitert. Köln blieb katholisch. Bucer versuchte im Herbst 1547 mit einem Offenen Brief die Evangelischen in Bonn zu trösten, indem er an biblischen Beispielen zeigte, dass Gottes Macht gerade da groß würde, wo Menschen ihre Niedrigkeit erführen.

Mit dem Schmalkaldischen Krieg geriet die Reformation in Straßburg in eine große Krise. Bucer weigerte sich, das Augsburger Interim anzuerkennen, ja bekämpfte es entschieden. Eine Annahme des Interims kam für ihn einem Abfall von Christus gleich mit der Konsequenz, das ewige Leben zu verlieren. Anders als in sächsischen Landen waren in Straßburg allerdings auch keine Kompromisse denkbar, wie sie Melanchthon suchte, denn die habsburgischen Truppen, die in ganz Süddeutschland präsent waren, zögerten nicht, gegen renitente Anhänger der Reformation Gewalt anzuwenden. Hunderte von evangelischen Pfarrern in Württemberg und anderen evangelischen Gebieten Süddeutschlands wurden entlassen und viele verhaftet. Zu Hinrichtungen kam es allerdings nicht.

Die Straßburger Obrigkeit wollte jedoch anders als Bucer keinen Widerstand um jeden Preis. Den Straßburgern stand das warnende Beispiel des evangelischen Konstanz, eines frühen Stützpunkts der Reformation, vor Augen, das sich standhaft verweigert hatte, darauf vom Kaiser mit der Reichsacht überzogen und belagert wurde, bis es am 15. Oktober 1548 kapitulierte. Alle Rechte und Privilegien einer Reichsstadt hatte es verloren. Nach langen internen Diskussionen wurde Bucer zum 1. März 1549 entlassen, und in der Nacht vom 5. auf den 6. April verließ er die Stadt seines jahrzehntelangen erfolgreichen Wirkens und ging nach England.

In England hatte die Reformation seit den 20er Jahren ebenfalls Fuß gefasst, sie war jedoch eine Reformation ganz eigener Art. Der englische König Heinrich VIII. hatte sich und sein Land 1533/34 von der Papstkirche losgesagt, weil der Papst ihm die Scheidung seiner Ehe verweigerte. Reformatorischen Bestrebungen ließ er freie Hand und löste die Klöster auf, an denen er sich bereicherte. Der Erzbischof von Canterbury, Thomas Cranmer, gab der „Kirche von England“, deren Oberhaupt der König war, nach Heinrichs Tod (28. Januar 1547) ein evangelisches Profil. Bucer, von Vertrauten Cranmers nach England gerufen, wurde

Theologieprofessor in Cambridge und legte als solcher Heinrichs Nachfolger Edward VI. 1550 ein umfassendes Programm der Kirchen- und Gesellschaftsreform vor. Stark biblisch argumentierend bezeichnete er wie Melanchthon in der CA die evangelische Predigt und den rechten Umgang mit den Sakramenten als zwei Wesensmerkmale der Kirche, fügte jedoch anders als Melanchthon und die Wittenberger Reformation ein drittes hinzu: die „Kirchenzucht", wie der Bereich innerkirchlicher Ermahnungen, Zurechtweisungen und Strafen traditionell bezeichnet wurde. Durch Kontrolle und Reglementierung des religiösen und sittlichen Lebens sollte die Gesellschaft wahrhaftig christianisiert und zum sichtbaren Herrschaftsbereich Christi werden. Die Kirche von England entwickelte sich zwar nicht in diesem bucerischen Sinne, doch griff der sich später in England entfaltende Puritanismus auf diese Vorstellungen zurück.

Bucer starb am 28. Februar 1551 in Cambridge. Wenig später geriet die Reformation in England in eine erneute Krise. 1553 trat Königin Mary I. die Nachfolge Edwards an, versuchte das Land zu rekatholisieren und veranlasste einen Ketzerprozess gegen Bucer. Seine Gebeine wurden am 6. Februar 1556 aus ihrem Grab geholt und öffentlich verbrannt. So wurde Bucer, wenn auch posthum, zu einem Märtyrer der Reformation. 1560 jedoch, als sich das Blatt in England erneut gewendet hatte, wurde er unter Elisabeth I. rehabilitiert.

Die evangelische Kirche in Straßburg hat die Interimszeit überlebt. In Konstanz dagegen ist die evangelische Kirche dauerhaft untergegangen. Die Geschichte hat Bucer also nicht Recht gegeben.

Balthasar Hubmaier

Zu den Vorzügen der Reformation in Straßburg und zu den Verdiensten Bucers gehörte der dort praktizierte vergleichsweise tolerante Umgang mit den Täufern. Die damals so genannten Wiedertäufer oder Anabaptisten waren Teil der Reformationsbewegung, kritisierten aber anders als die großen Reformatoren die Kindertaufe. In Wittenberg war schon während Luthers Wartburgaufenthalt 1521/22 an der Kindertaufe Kritik geübt worden. Sie galt vielen als biblisch nicht begründbar und als Relikt der Papstkirche. Auch Melanchthon war sich in dieser Frage anfangs unsicher. In Wittenberg gelang es, die Kritik einzudämmen. Andernorts flackerte sie jedoch immer wieder auf.

Einer der großen und erfolgreichen Täuferführer der Reformationszeit war Balthasar Hubmaier. Er stammte aus Friedberg bei Augsburg und war dort 1480 oder 1485 geboren worden. Er hatte von 1503 an in Freiburg im Breisgau studiert und war 1512, im gleichen Jahr wie Luther in Wittenberg, an der Universität Ingolstadt zum Doktor der Theologie promoviert worden. Als Gelehrtennamen benutzte er den latinisierten Namen seines Heimatortes: Pacimontanus. In Ingolstadt brachte er es zum Prorektor. Hubmaier war Priester und trat 1516 in Regensburg eine Stelle als Domprediger an. 1520 wechselte er nach Waldshut und geriet unter den Einfluss der Reformation.

Hubmaier war ein engagierter und begabter Kanzelredner. In Regensburg predigte er auch gegen die in der Stadt lebenden Juden und war 1519 verantwortlich für deren Vertreibung. Die Synagoge wurde in die Maria geweihte Wallfahrtskapelle „Zur Schönen Maria" umgewandelt, und Hubmaier machte sie zum Mittelpunkt einer großen Wallfahrtsbewegung. Die von der Ausweisung bedrohten Juden schrieben einen Brief an Luther, in dem sie mittels einer Abschrift des Psalms 130 „Aus tiefer Not" seinen Blick auf ihre traurige Lage zu lenken versuchten. Von einer Antwort des Reformators ist nichts bekannt.

Im Jahre 1524 führte Hubmaier in Waldshut im Einvernehmen mit dem Rat der Stadt die Reformation ein. Er hatte dazu achtzehn Thesen verfasst und vorgelegt. Sie erklärten gut lutherisch den Glauben zum Grund der Rechtfertigung, betonten aber auch die Notwendigkeit der in Dankbarkeit Gott gegenüber begründeten guten Werke. Ferner wandte sich Hubmaier gegen die Messopferlehre und gegen Stille Messen und forderte Gottesdienste in der Landessprache. Bilder in den Kirchen, Wallfahrten und das Zölibat wurden abgelehnt. Ferner polemisierte er, wie Luther, gegen Aristoteles sowie gegen die Theologen des Mittelalters. An einer Stelle (These 8) zeigte sich die spätere Entwicklung zum Taufgesinnten bereits: Hubmaier erklärte, jeder Christ sei in Sachen Glaube, Taufe und religiöses Urteil eigenständig und selbstverantwortlich.

Die Bilder wurden aus den Kirchen entfernt und die Messe evangelisch umgestaltet. Schon 1524/25 kamen Hubmaier Zweifel an der Berechtigung und Gültigkeit der Kindertaufe. Am Ostersamstag 1525 ließ er sich zusammen mit sechzig Gleichgesinnten von einem anderen, früheren Vertreter des Taufgedankens, Wilhelm Reublin, erneut taufen. Dieser soll dabei angeblich einen Milchkübel verwendet haben. Hubmaier taufte anschließend weitere dreihundert Angehörige seiner Gemeinde. Im Einklang mit der Obrigkeit führte er die Reformation in Waldshut im täuferischen Sinne weiter.

Die erneute Taufe eines bereits Getauften, wie sie Reublin an Hubmaier vollzog und Hubmaier selbst mit vielen Waldshuter Bürgern durchführte, war etwas höchst Anstößiges, denn aus kirchlicher Sicht wurde dadurch die Gültigkeit der ursprünglichen, der ersten Taufe bestritten. In der Wiederholung der Taufe erblickte die überwiegende Mehrheit der Theologen eine Gotteslästerung ersten Ranges, zumal die frühe Christenheit sogar die von erklärten Ketzern gespendete Taufe hatte gelten lassen, so sie denn korrekt gespendet worden war, und auf eine Taufwiederholung verzichtet hatte. Hubmaier und andere Täufer entgegneten, sie wüssten ja gar nicht, ob sie wirklich getauft wären, denn sie könnten sich daran nicht erinnern und es sei nirgendwo festgehalten worden. In der Tat wurden im Mittelalter nicht nur keine Taufbücher geführt, sondern die Taufe der Kinder wurde auch oftmals vergessen. Die Menschen nahmen dieses Sakrament lange Zeit nicht so ernst, wie es die Kirche gerne gehabt hätte. Erst die Bettelorden mit ihren Predigern im späten Mittelalter schärften den Menschen die Wichtigkeit der Taufe ein und bewirkten, dass die Eltern allmählich auf eine rasche Taufe gleich nach der Geburt drängten, wie es bei Luther der Fall gewesen war, und sich aus Angst vor dem ungewissen Schicksal ungetauft verstorbener Kinder eine beinahe abergläubige Taufpraxis etablierte, die über Jahrhunderte nicht mehr auszurotten war.

Hubmaier und andere Täufer bestritten aber auch die Gültigkeit einer Taufe, vollzogen an einem Menschen, der nicht glaube oder vielmehr noch gar nicht glauben und seinen Glauben noch gar nicht bekennen könne. Verwiesen wurde auf das eindeutige Jesuswort: Wer da glaubt und getauft wird, der wird selig werden (Mk 16,16). Es zeigte aus der Sicht der Täufer nicht nur einen Zusammenhang zwischen Glaube und Taufe auf, sondern auch eine unumkehrbare Reihenfolge.

Hubmaier unterschied zwischen innerer und äußerer Taufe. Die innere – das zum Glauben kommen – hat der äußeren Taufe – der Wassertaufe – vorauszugehen. Das Hören des göttlichen Wortes treibe den Menschen zur Buße und diese reinige die Herzen und bewirke die innere Taufe. Erst wenn der Mensch Jesus Christus als den lebendigen Sohn Gottes bekenne, könne er getauft werden. Die innere Taufe sieht Hubmaier in Verbindung mit dem – lutherisch verstandenen – Rechtfertigungsgeschehen. Die äußere Taufe beinhaltet das durch das Evangelium erweckte Bekenntnis des Sünders, dass ihm Vergebung seiner Sünden zuteil geworden ist.

Die großen Reformatoren, allen voran Luther und Melanchthon, liefen Sturm gegen diese Sicht der Taufe, hielten mit allem Eifer an der Kindertaufe fest und suchten sie biblisch und theologisch zu rechtfertigen. Sie argumentierten mit Bibelstellen, aus denen man indirekt schließen konnte, dass die Apostel mit zum Glauben gekommenen Erwachsenen auch deren „Haus" einschließlich der Kinder getauft hatten, ferner mit dem Jesus-Wort „Lasset die Kinder zu mir kommen" (Mk 10,14) und dem alttestamentlichen Beschneidungsritual, das ja auch an Kindern vollzogen worden sei und als dessen Nachfolge-Sakrament die Taufe fungiere. Der Zusammenhang von Glaube und Taufe sei auch bei der Kindertaufe gegeben, so die großen Reformatoren, da Eltern, Paten und Gemeinde glaubten und der Glaube, verstanden als Geschenk Gottes, auch in Säuglingen schon verwurzelt sein könne. Und nicht zuletzt wurde an den Ernst der Erbsünde erinnert und an die Notwendigkeit, die von Christus ermöglichte Vergebung der Erbsünde durch die Taufe an den Kindern Wirklichkeit werden zu lassen.

Trotz aller Gegenargumente nahmen die Täuferbewegungen im Laufe der 20er Jahre in ganz Deutschland zu. Evangelische und katholische Obrigkeiten erblickten darin eine Bedrohung der öffentlichen Ordnung. Auch der Reichstag beschäftigte sich mit der Frage. 1529 wurde in Speyer von evangelischen und katholischen Fürsten einvernehmlich beschlossen, die Täufer mit dem Tode zu bedrohen. Die Todesstrafe solle vollstreckt werden an jedem, der sich zum zweiten Mal taufen lasse, ferner an jedem, der eine solche wiederholte Taufe durchführe, und außerdem auch an Eltern, die ihre Kinder der Taufe entzögen. Die Täufer erblickten in diesen Maßnahmen ein Wiederaufleben der mittelalterlichen Inquisition im evangelischen Lager und erhoben den Vorwurf, die Kirche der Reformation sei nun endgültig zu einer neuen antichristlichen Papstkirche geworden.

Luther und Melanchthon rangen für dieses Vorgehen um Begründungen, die sie mit ihrem Gewissen und ihrer evangelischen Überzeugung vereinbaren konnten. Das gewaltsame Vorgehen gegen Andersgläubige war ja von ihnen immer und eindeutig kritisiert worden. Sie fanden einen Ausweg, der jenem Kompromiss glich, den sie in den gleichen Jahren hinsichtlich des Widerstandsrechtes im politischen Bereich geschlossen hatten. Luther und Melanchthon erklärten, die Täufer würden ja nicht wegen ihrer abweichenden Überzeugungen, nicht wegen ihrer andersartigen Lehren verfolgt, sondern als Gotteslästerer und Unruhestifter. Sie seien keine Ketzer, sondern Aufrührer, gegen die weltliche Obrigkeiten wie gegen alle Aufrührer vorgehen müssten.

Für Hubmaier war es in Waldshut schon zuvor schwierig geworden. Die Stadt gehörte den Habsburgern und war nicht wirklich souverän. Österreich setzte die Stadt unter Druck und bewirkte zunächst, dass sich ein Teil der Bevölkerung von Hubmaier abwandte. Angeblich sollen sich besonders die Frauen der Stadt für sein Bleiben eingesetzt haben. Mit Gewalt bereiteten österreichische Truppen der Waldshuter Reformation im Dezember 1525 ein Ende. Hubmaier ging zunächst nach Zürich und zog 1526 weiter nach Mähren, wo er in Nikolsburg erneut die Möglichkeit erhielt, im Einvernehmen mit der örtlichen Obrigkeit eine Täuferreformation durchzuführen. Der Ort liegt in Südmähren, nahe der österreichischen Grenze, war also eine Grenzstadt wie Waldshut. Er war im Besitz der Herren von Liechtenstein. Die Reformation hatte schon in den frühen 20er Jahren Fuß gefasst. Hans Spittelmaier, Oswald Glaidt und Martin Göschl predigten evangelisch. Hubmaier konnte sowohl die drei Pfarrer wie auch die Ortsherren für sich gewinnen. Sie ließen sich taufen. In der Stadt gab es eine Druckerei, sodass Hubmaier auch Schriften drucken lassen konnte. Hubmaier fand großen Widerhall. Die genaue Zahl der von ihm Getauften ist nicht festzustellen, die Quellen sprechen von 2000, von 6000 oder sogar von 12.000 Personen, die der örtlichen Taufbewegung anhingen. Hubmaier bemühte sich um die Schaffung einer Gemeindeordnung und ließ in diesem Zusammenhang Schriften zu den Themen Taufe, Abendmahl und Bann drucken. Dreimal täglich ließ er zum Gebet läuten. Die Gemeindezucht aber scheint ein ernsthaftes Problem gewesen zu sein in Nikolsburg. Das dürfte mit dem starken Wachsen der Gemeinde in Zusammenhang gestanden haben. Viele Täufer aus Deutschland, der Schweiz und Österreich strömten nach Mähren und schlossen sich der Gemeinde an.

Doch der lange Arm der Habsburger erreichte Hubmaier auch dort. Im Juli 1527 ließ ihn Erzherzog Ferdinand von Österreich, der Bruder Karls V., verhaften, schaffte ihn nach Wien und unterzog ihn einem Verhör, bei dem mit Folter nicht gespart wurde. Hubmaier legte noch einmal schriftlich eine „Rechenschaft des Glaubens" ab und bat um Nachsicht, wurde aber am 10. März 1528 verbrannt. Seine Ehefrau Elsbeth Hügline wurde in der Donau ertränkt.

Zwischen 1524 und 1528 verfasste Hubmaier fünfundzwanzig theologische Werke, unter anderem zur Obrigkeitslehre und zur Widerstandsfrage, zur Kindertaufe, zum Abendmahl, zum Bann und eine Erklärung des Vaterunsers. Auch in den Streit um die Freiheit des menschlichen Willens schaltete er sich 1527 ein. Er sieht die Seele des Menschen als durch die Wiedergeburt befreit an und damit verpflichtet, bei der Gewinnung des Heils mitzuwirken und die Sünde zu meiden. Der freie Wille spielt also nicht bei der Wiedergeburt, aber auf dem Weg von der Wiedergeburt zur Vollendung eine Rolle. Damit hatte er eine Position jenseits von Luther und Erasmus formuliert, welche die Sichtweise des Pietismus des 18. Jahrhunderts vorwegnahm.

Der Täufer-Reformator Hubmaier hat für seine Überzeugungen und Taten mit seinem Leben bezahlt und wurde damit zu einem der – vergleichsweise wenigen – echten Märtyrer der Reformation. Doch seine Ideen lebten weiter. Gerade in Mähren kam es immer wieder zur Bildung von Täufergemeinden. Unter anderem entstanden, begründet von dem Tiroler Täuferführer Jakob Huter, die Hutterschen Brüderhöfe, in denen Täufer nach dem Modell der christlichen Urgemeinde ohne Privatbesitz lebten. Nachfahren dieser Hutterer finden sich heute in Kanada und den USA.

Ulrich Zwingli

Zu den anfänglichen Kritikern der Kindertaufe gehörte der Züricher Reformator Ulrich Zwingli. Hubmaier stand mit ihm schon 1523 in Verbindung und wurde von ihm im Sinne der Reformation beeinflusst. Doch dann entschied sich Zwingli für die Beibehaltung der Kindertaufe, und zwischen den beiden Reformatoren kam es zum Bruch.

Zwingli stammte aus einer Bergbauernfamilie und wurde am 1. Januar 1484 in Wildhaus, einem hoch an einem Pass gelegenen Dorf in den St. Galler Alpen geboren. Sein einfaches Geburtshaus blieb beinahe im Originalzustand erhalten und kann noch heute besichtigt werden. Anders als Luther und Melanchthon war Zwingli von Anfang an dazu bestimmt, eine kirchliche Laufbahn einzuschlagen. Sein Onkel wirkte als Priester und Dekan in Weesen am Walensee, und Zwingli wurde in seine Obhut gegeben. Er besuchte zunächst dort die Schule, wechselte aber schon 1494 nach Basel und 1496 oder 1497 nach Bern. Die Berner Stadtschule wurde seit 1493 von dem Humanisten Heinrich Wölflin geleitet. Lupulus, wie sein latinisierter Name lautete, hatte an der Sorbonne studiert und gilt als der erste Schweizer Humanist. Später wurde er evangelisch. Wie Melanchthon so wurde also auch Zwingli in einem humanistischen Bildungsmilieu groß. Zum Studium ging er zunächst an die ebenfalls humanistisch geprägte Universität Wien und dann nach Basel, wo er 1506 den Magisterabschluss erwarb. Danach begann er ein Theologiestudium, brach dieses aber bereits nach einem Semester wieder ab, ließ sich zum Priester weihen und übernahm noch 1506 ein Pfarramt in Glarus, unweit seiner Heimat.

Zwingli war damit versorgt und scheint auch keine weiteren Ambitionen gehabt zu haben. Zehn Jahre lang amtete er in Glarus und war ein ganz normaler Priester. Er liebte heilige Orte und Prozessionen und schätzte die Gnade des Ablasses. Seiner Gemeinde stiftete er für ihre Prozessionen eine kostbare Monstranz. Als Feldprediger zog er mindestens zweimal mit Schweizer Truppen nach Oberitalien, wo sie im Dienste des Papstes kämpften. Dieser gewährte Zwingli im Jahre 1515 dafür eine finanzielle Belohnung, die jährlich ausgezahlt wurde. Beinahe selbstverständlich war es, dass Zwingli wie viele seiner Amtsbrüder, aber ganz anders als Luther, auch das Keuschheitsgelübde, das er als Priester abgelegt hatte, nicht wörtlich nahm. Er hatte Umgang mit Frauen und schaffte es trotz mehrfach gehegter guter Vorsätze nicht, keusch zu leben.

Privat betrieb Zwingli in Glarus intensive theologische Studien und bildete sich im Bereich der Theologie autodidaktisch weiter. Auch sein Interesse am Humanismus setzte sich fort, und er begann Werke des Erasmus zu lesen. 1516 besuchte er den Gelehrten in Basel. Unter seinem Einfluss veränderte sich Zwinglis Sicht des Krieges. Er begann Kritik an den verbreiteten Söldnerdiensten der Eidgenossen zu üben und äußerte pazifistische Gedanken. In Glarus kam es zu Konflikten mit der Gemeinde, und Zwingli wechselte noch 1516 nach Einsiedeln, wo er an der bekannten Benediktinerabtei die Stelle eines „Leutpriesters“ übernahm: Als Priester betreute er die „Leute“, die Menschen, insbesondere die Pilger, die nach Einsiedeln kamen und der Schwarzen Madonna huldigten. Stärker als zuvor hatte er es in Einsiedeln auch mit dem Ablass zu tun, und er übte erstmals Kritik an Missständen, die er beobachtete, aber ohne den Ablass prinzipiell in Frage zu stellen. Neben seiner pastoralen Tätigkeit studierte Zwingli weiter die Kirchenväter, wobei für ihn wie für Luther Augustin eine große Bedeutung gewann. Außerdem widmete er sich der Auslegung der Psalmen, wofür er wie Luther das modernste humanistische

Hilfsmittel benutzte, den Psalmenkommentar des Faber Stapulensis. In Humanistenkreisen genoss Zwingli hohes Ansehen. Ob er 1517/18 in Einsiedeln auch von Luthers Thesen erfuhr, ist nicht bekannt.

Im Dezember 1518 erhielt Zwingli einen Ruf nach Zürich, wo er am Großmünster, der Hauptkirche der Stadt, die Stelle eines Leutpriesters übernehmen sollte. Zu seinem Auftrag gehörte die regelmäßige Predigt. Am 1. Januar 1519 trat Zwingli seine neue Stelle an und führte beim Predigen sogleich eine revolutionäre Neuerung ein, die man als Vorbotin seiner Hinwendung zur Reformation ansehen kann, indem er sich von der althergebrachten Perikopenordnung löste, die für jeden Sonntag einen ganz bestimmten, isolierten Abschnitt der Bibel vorsah. Zwingli begann ganze biblische Bücher im Zusammenhang auszulegen, führte also die „fortlaufende Lesung" (lectio continua) ein. Konflikte entstanden ihm deswegen jedoch nicht. Sie begannen in Zürich erst 1522, als sich Zwingli offen zur Reformation bekannte und Anhänger seiner Ideen erste öffentliche Aktionen durchführten.

Wann und wie wurde Zwingli zum Reformator? Diese Doppelfrage ist in der Zwingli-Forschung ebenso umstritten wie dieselbe Frage, bezogen auf Luther, in der Luther-Forschung. Zwingli behauptet, schon 1516 durch eigenes Schriftstudium zu denselben Erkenntnissen wie Luther gelangt zu sein. Der Einfluss des Erasmus dürfte dann ein wesentlicher Faktor gewesen sein. Fest steht, dass Zwingli 1519 an der Pest erkrankte und dem Tode nahe war, was in ihm eine existenzielle Krise auslöste. Auch diese Erfahrung könnte, vergleichbar mit Luthers existenziellen Krisen, zum Wandel geführt oder beigetragen haben. Allerdings war es bei Zwingli ein Wandel von Oberflächlichkeit zur Tiefe, während es bei Luther ein Wandel in der religiösen Tiefe selbst war. Fest steht ferner, dass Zwingli von 1519 an in Zürich intensiv Schriften Luthers gelesen hat. 1520 versuchte er sich mit großem Eifer Luther-Schriften zu beschaffen, und später besaß er in seiner Bibliothek nachweislich insgesamt 26. Der Züricher Reformator könnte also auch ganz direkt von Luther abhängig gewesen sein. Doch zu einer solchen Abhängigkeit konnte und wollte sich Zwingli später nicht mehr bekennen, weil er 1525 mit Luther in Streit geraten war.

Er behauptete, von Luther sei ihm 1519 nur bekannt gewesen, dass er gegen den Ablass gepredigt habe.

Abb. 4: Das Reformationsgeschehen als Mühlen-Allegorie mit Erasmus, Luther und Zwingli

Auf jeden Fall begann Zwingli im Jahre 1521 im Großmünster kirchenkritisch zu predigen. Er setzte sich mit dem Mönchtum, der Heiligenverehrung, der Messe und dem Fegfeuer auseinander, aber auch mit dem so genannten Zehnten, der von den Bauern an die Stadt zu entrichtenden (zehnprozentigen) Ertragssteuer. Aus dem Humanisten war ein Reformator geworden.

In einem Bild, das Zwingli 1521 hat anfertigen lassen, werden die Zusammenhänge so dargestellt, wie er sie damals gesehen oder nach außen vertreten hat. Das Reformationsgeschehen in seinem Zusammenhang wird in einer Mühlenallegorie dargestellt (Abb. 4, S. 64). Christus erscheint als Müller und schüttet Getreide in eine Mühle, nämlich die Evangelien und Paulus. Diese werden vom Mahlstein zu Mehl gemahlen, heraus kommen Glaube, Liebe und Hoffnung (vgl. 1 Kor 13, 13) sowie Kraft, welche Erasmus als Müllerknecht in einen Sack schaufelt. Luther, der Erasmus den Rücken zuwendet, bäckt aus dem Mehl Brot in der Form reformatorischer Schriften, welche er den Vertretern der alten Kirche – ohne sie anzuschauen – reicht. Als Letzter, aber zugleich Wichtigster in der Reihe erscheint Zwingli, der zudem exakt im Zentrum des Bildes positioniert wird. Er gibt die reformatorische Botschaft durch das gesprochene Wort weiter an die Menschen und streitet von Angesicht zu Angesicht mit den Vertretern der alten Kirche, hinter denen der Teufel steht. Letztere werden zudem von einem Bauern mit einem Dreschflegel bedroht. Über allem wacht Gottvater und gibt dem Geschehen seinen Segen. Das Bild zeugt von einem großen Selbstbewusstsein Zwinglis. Dazu passt auch, dass Zwingli als Vornamen anstelle von Ulrich immer „Huldrych" verwendete und sich damit als „reich" an göttlicher „Huld" – d.h. Gnade – ausgab. Allerdings war Zwingli nicht der Einzige, der diese etymologisch nicht begründbare, aber religiös tiefgründige Abwandlung des Namens Ulrich vornahm.

Im Frühjahr 1522, beinahe parallel zu den „Wittenberger Unruhen" und möglicherweise beeinflusst von ihnen, kam es in Zürich zu einer spektakulären Aktion: Angesehene Persönlichkeiten der Stadt, darunter der Buchdrucker Christoph Froschauer, übertraten das kirchliche Fastengebot in der Passionszeit und aßen öffentlich Würste. Zwingli verteidigte ihr Verhalten in einer kleinen Schrift über die „Freiheit der Speisen" (Von Erkiesen und Fryheit der Spysen). Wenige Monate später forderte Zwingli die Aufhebung des Zölibats. In Zürich indessen organisierten sich die Gegner Zwinglis und erhoben Anklage gegen ihn. Die Situation eskalierte im Laufe des Jahres weiter. Anders als in Wittenberg nahm die Reformation in Zürich keine Rücksicht auf die „Schwachen", sondern suchte den Streit. Der Rat der Stadt Zürich entschloss sich, zur Klärung der anstehenden Fragen eine Disputation einzuberufen. Sie fand am 29. Januar 1523 statt und ist als die „Erste Züricher Disputation“ in die Geschichte eingegangen. Zwingli hatte dafür 67 Thesen („Schlussreden“) aufgestellt, in denen er seine Position zu verschiedenen Fragen zusammenfasste. Ein Vertreter des Konstanzer Bischofs, Johannes Fabri, nahm teil. Nach der Disputation gebot der Rat allen Züricher Predigern, hinfort schriftgemäß zu predigen. Zwinglis Reformation hatte einen Teilsieg, aber noch keinen vollständigen Sieg errungen.

Zwinglis Thesen von 1523 sind das Basisdokument der Züricher Reformation. Anders als Luthers Thesen hatten sie keinen akademischen Charakter. Sie waren nicht in lateinischer, sondern in deutscher Sprache verfasst, sie wurden nicht vor einem universitären, sondern vor einem städtischen Publikum verhandelt und sie hatten keinen theologischen, sondern einen kirchlich-praktischen Charakter. Zwingli behandelte unter anderem die Themen Papsttum, Messe, Heilige, Fastenregeln, Feiertage, Wallfahrten, Mönchsorden, Zölibat und Fegfeuer und fasste dabei prägnant zusammen, was er in Zürich seit 1521 gepredigt hatte. In den Monaten nach der Disputation arbeitete er an der Auslegung dieser Thesen und verfasste sein umfangreichstes und zugleich grundlegendes theologisches Werk, die „Auslegung und Begründung der Thesen“ (Ußlegen uGewalt anzuwenden und gründ der schlußreden …). Im Juli 1523 erschien es im Druck.

Zwinglis Theologie, wie er sie in seiner „Auslegung“ entfaltet, steht zwischen Luther und Erasmus. Charakteristisch für Zwingli ist die Betonung des Gegensatzes zwischen Gott und Mensch und die Betonung der absoluten Souveränität Gottes. Einen freien Willen des Menschen lehnt er, radikaler noch als Luther, ab. Nachdrücklich betont er ferner den Ernst und die Gewalt der Sünde, der jeder Mensch verfallen ist. Christus jedoch hat für Zwingli die Distanz zwischen Mensch und Gott überbrückt und von der Sünde befreit. Wirklich wird für den Menschen diese Befreiung durch den Glauben und nur durch den Glauben. Der Kirche und ihrer Sakramente bedarf es dafür nicht. Anders als Luther haben Taufe und Abendmahl für Zwingli keine sündenvergebende Kraft, und er lehnt anders als Luther auch die Beichte ab. Zum Glauben kommt der Mensch durch einen Gnadenerweis Gottes. Anders als für Luther ist für Zwingli sogar denkbar, dass Gott unabhängig von seinem Wort in Bibel und Predigt an einem Menschen handelt und ihn zum Glauben zieht. Kirche, als Versammlung der Glaubenden, ist für Zwingli eine letztlich unsichtbare Größe. Wahre Christen sind mit wahren Christen im Geist und im Glauben verbunden. Päpste, Bischöfe und Konzilien sind für Zwingli völlig irrelevant. In Zürich will er ein Gemeinwesen gestalten, das dem göttlichen Willen gemäß ist. Kirchengemeinde und Obrigkeit arbeiten dabei eng zusammen. Anders als Luther legt Zwingli erheblichen Wert auf ein korrektes sittliches Leben der Christen. Wer die Taufe empfangen hat, ist zu einem christlichen Leben verpflichtet. Dabei geht es Zwingli aber allein um das Leben der Menschen mit den Menschen. Traditionelle religiöse Ordnungen wie das Fasten, die Heiligenverehrung und das Mönchtum werden von Zwingli als Menschensatzungen und Ausdruck von Kreaturvergötterung radikal, viel radikaler als bei Luther abgelehnt.

Nach der Ersten Zürcher Disputation trieben die Anhänger Zwinglis die Reformation mit provozierenden Aktionen weiter voran. In einigen Kirchen wurden die Bilder entfernt, und Bauern verweigerten der Stadt die Abführung des Zehnten. Der Rat berief für den Oktober eine weitere Disputation ein. Sie gestaltete sich als großartige Schauveranstaltung Zwinglis vor zahlreichem Publikum, darunter aus Waldshut kommend auch Hubmaier, thematisierte die Bilder und die Messe und führte zum endgültigen Durchbruch der Reformation. Die Beziehungen zum Konstanzer Bischof wurden abgebrochen, und die Altgläubigen verließen die Stadt. Aus den Kirchen wurden die Bilder entfernt, und alle Klöster wurden geschlossen. Im April 1524 heiratete Zwingli die Witwe Anna Reinhart, mit der er bereits zwei Jahre lang „ohne Trauschein“ zusammengelebt hatte.

Unter den Anhängern Zwinglis gab es viele, die der Kindertaufe kritisch gegenüberstanden. Schon im Frühjahr 1524 hatte Hubmaier mit Zwingli darüber ein kontroverses Gespräch. Eine Disputation am 17. Januar 1525 brachte keine Klärung. Wenige

Tage später kam es zu den ersten „Wiedertaufen" und zur Gründung einer Täufergemeinde im nahen Zollikon. Zwingli forderte den Rat der Stadt auf einzuschreiten. Es kam zu Verhaftungen, Ausweisungen und Hinrichtungen. Am 5. Januar 1527 wurde der Züricher Humanist und Täuferführer, der frühere Zwingli-Anhänger Felix Manz in der durch Zürich fließenden Limmat ertränkt. Seit 2004 gibt es an der Stelle eine Gedenktafel. Als Hubmaier Ende 1525 plötzlich als Flüchtling in Zürich auftauchte, kam er in Haft und wurde zu einem öffentlichen Widerruf gezwungen. Das klappte aber nicht auf Anhieb. Als Hubmaier am 29. Dezember, nachdem Zwingli gepredigt hatte, im Fraumünster die Kanzel betrat und alle auf einen Widerruf warteten, fing er an, die Erwachsenentaufe zu verteidigen, bis ihm Zwingli ins Wort fiel. Nach monatelangen Verhören und Folterungen leistete Hubmaier im April dann den von ihm erwarteten Widerruf und durfte Zürich verlassen. Über seinen früheren Gesinnungsgenossen Zwingli äußerte er sich später nur noch scharf und bitter und warf ihm Tyrannei vor.

Eine weitere Front entwickelte sich zwischen Zürich und Wittenberg. Zwingli hatte über das Abendmahl nachgedacht und war 1524 zu einem neuen Verständnis dieser auch in seiner Kirche als Sakrament beibehaltenen rituellen Handlung gekommen. Zwingli vertrat die Ansicht, dass es sich beim Abendmahlsbrot entgegen der Lehre der mittelalterlichen Kirche nicht um den wirklichen Leib Christi handle und beim Wein nicht um sein Blut, sondern um Symbole. Das „ist" (est) in den bei der Feier zitierten Einsetzungsworten Jesu (1 Kor 11,24) sei als „bedeutet" (significat) zu verstehen. Christus sei bei der Feier zwar gegenwärtig, aber nicht mit Fleisch und Blut, sondern indem sich die Gemeinde an ihn erinnere und sich zu ihm bekenne. Diese symbolische Interpretation der Abendmahlshandlung verbreitete Zwingli von 1525 an auch in Druckschriften. Luther las sie und reagierte 1527 heftig. Er glaubte, dem Wortlaut der Bibel vertrauend, an die „Realpräsenz", an die reale, wirkliche Gegenwart Christi, mit Leib und Blut in Brot und Wein. Die Züricher beschimpfte er als „Schwärmer" und „Sakramentierer". Zwingli ließ sich das aber nicht gefallen und antwortete in einem ebenso entschiedenen Ton.

Im Hintergrund des Streits um das Abendmahl standen nicht einfach nur theologische Differenzen und Unterschiede in der Schriftauslegung, sondern auch unterschiedliche Frömmigkeitserfahrungen. Luther hat als Priestermönch viele Jahre lang einen täglichen, intimen Umgang mit dem Sakrament des Altars gepflegt und diesen Aspekt seines monastischen Lebens so ernst genommen wie alle anderen. Die reale Gegenwart Christi im Sakrament des Altars bedeutete ihm Hilfe und Trost. Daran änderte sich auch nichts durch seine reformatorische Wende. Zwingli dagegen hatte solche Erfahrungen nie gemacht. Als Leutpriester war er eine veräußerlichte Frömmigkeitspraxis gewohnt. Ein radikaler Bruch mit der traditionellen Abendmahlstheologie und -frömmigkeit fiel ihm leicht, weil seine religiöse Existenz davon nicht berührt war.

Der Streit der beiden großen Reformatoren missfiel den Politikern der Reformation, die – aus strategischen Gründen – ein Interesse an Einheit hatten. Landgraf Philipp von Hessen lud deshalb 1529 die Streithähne zu einem Religionsgespräch nach Marburg ein, bei dem über alle anstehenden Fragen, einschließlich des Abendmahls, verhandelt wurde. Zum ersten – und zum letzten – Mal saßen sich Zwingli sowie Luther und Melanchthon gegenüber. In allen Punkten war man sich einig außer in der Frage des Abendmahls. Jeder beharrte auf seinem Standpunkt und der Streit eskalierte erneut. Das Gespräch endete mit dem Verdikt Luthers, er könne Zwingli und die Schweizer nicht mehr als christliche Brüder ansehen, eine Aussage, die Zwingli in Tränen ausbrechen ließ. Das Tischtuch blieb zerschnitten, obwohl sich Melanchthon gemäß seiner irenischen Natur über Jahre und Jahrzehnte um eine Einigung bemühte. Erst 1973 konnte der die Kirchen der Reformation spaltende Streit um das Abendmahl in der „Leuenberger Konkordie" definitiv ausgeräumt werden.

In Zürich arbeiteten Zwingli und seine Anhänger konsequent an der reformatorischen Umgestaltung. Bildungsgeschichtlich bedeutsam war die Gründung der „Prophezei" im Jahre 1525, einer Bibelschule, die sich vor allem der Auslegung des Alten Testaments zuwandte. Zwinglis Interesse an der hebräischen Bibel war sehr stark. 1526 holte er den berühmten Hebraisten Konrad

Pellikan in die Stadt, der zuvor mit Reuchlin und Erasmus zusammengearbeitet hatte. 1524–1529 entstand, Luthers Bibelübersetzung aufgreifend und fortführend, die „Zürcher Bibel". Noch vor Wittenberg besaß Zürich eine komplette Bibel in neuer Übersetzung. Die erste Druckausgabe der Vollbibel erschien 1531. Die Prophezei wurde zur Keimzelle der heutigen Universität Zürich.

Unter dem Einfluss Zürichs wurden von 1523 an mehr und mehr Orte der Schweiz evangelisch. Doch die Gegner der Reformation ließen nicht locker. Eck, der mächtige Widersacher Luthers, plante dem Voranschreiten der Reformation durch eine große Disputation Einhalt zu gebieten. Persönlich wollte er Zwingli gegenübertreten und dessen Anschauungen widerlegen. Die Disputation wurde für den Mai 1526 in Baden im Aargau anberaumt, und zahlreiche evangelische und katholische Theologen aus der Schweiz und aus Süddeutschland reisten an. Lediglich Zwingli kam trotz Zusage sicheren Geleits nicht und blieb im heimischen Zürich. An seiner Stelle stellte sich Johannes Oekolampad, der humanistische Reformator Basels, der Auseinandersetzung. Für Eck, der in Kenntnis der innerevangelischen Abendmahlsdifferenzen mit Luther gegen Zwingli argumentierte, wurde es zu einem Sieg auf der ganzen Linie. Er war Oekolampad und den anderen anwesenden Schweizer Reformatoren intellektuell und rhetorisch haushoch überlegen, und so fielen am Ende der Disputation die Abstimmungen eindeutig aus. In allen strittigen Punkten erzielte Eck deutliche Mehrheiten, und Zwingli wurde in der Folge als Ketzer verurteilt. Die evangelische Minderheit blieb allerdings bei ihren Überzeugungen. Mit der Disputation von Baden wurde die konfessionelle Spaltung der Schweiz zementiert. Aus der Ferne und mit innerer Distanz beobachtete Erasmus das Geschehen. Auch er war zur Mitwirkung aufgefordert worden, hatte aber schon im Vorfeld, gesundheitliche Probleme vorgebend, abgelehnt.

Am Reichstag in Augsburg waren Zürich und Zwingli nicht direkt beteiligt. Zwingli ließ es sich allerdings nicht nehmen, ein Privatbekenntnis einzureichen, als „Rechenschaft über den Glauben" (Fidei ratio) adressiert an den Kaiser. Es war das dritte evangelische Bekenntnis neben der Confessio Augustana und der

Confessio Tetrapolitana, das in Augsburg vorlag, fand aber kaum Beachtung.

Zwingli und Zürich arbeiteten weiter an der Durchsetzung der Reformation auch in den Gegenden der Schweiz, die bislang noch der alten Kirche anhingen. Zwingli war dazu jedes Mittel recht. Seine einstigen pazifistischen Überzeugungen aufgebend, befürwortete er sogar kriegerische Maßnahmen zur Ausbreitung der Reformation. Auch die Altgläubigen der Schweiz rüsteten zum Kampf. Am 11. Oktober 1531 kam es bei Kappel am Albis-Pass, südöstlich von Zürich, zu einer entscheidenden Schlacht. Zwingli war dabei, das Schwert in der Hand, nicht als Feldprediger wie einst bei den Glarner Einsätzen in Italien, sondern kämpfend wie eine große Anzahl weiterer Züricher Pfarrer. Die Evangelischen verloren und Zwingli kam ums Leben, sein Leichnam wurde geschändet und verbrannt. Luther interpretierte das Ereignis als gerechte göttliche Strafe für einen Mann, der die Christenheit verführt habe. Er wünschte sich, dass Zwingli selig würde, hatte dafür aber nur wenig Hoffnung. Ähnlich äußerte sich Erasmus. Melanchthon dagegen bekundete in einem Brief an Bucer seine Trauer, „im Namen der Kirche".

Zürich hatte, nicht einmal zehn Jahre nach Beginn der Reformation, seinen Reformator verloren. Die Nachfolge trat Heinrich Bullinger aus Bremgarten an, ein langjähriger Freund und Vertrauter Zwinglis, der die Geschicke der Züricher Reformation mit sicherer Hand lenkte, bis er 1575 einen friedlichen Tod fand.

Johannes Calvin

Luther, Melanchthon, Bucer, Hubmaier und Zwingli waren Reformatoren der ersten Generation, Johannes Calvin ein Reformator der zweiten. Beeinflusst war er gleichermaßen von Luther, Melanchthon, Bucer und Zwingli. Als Zwingli kämpfte und starb, hatte Calvin noch nicht einmal seine Bekehrung erlebt, die ähnlich wie bei Zwingli aus einem Humanisten einen Reformator machte.

Johannes Calvin (Jean Cauvin) wurde am 10. Juli 1509 in Noyon in Frankreich geboren. Sein Vater war Sekretär des örtlichen Bischofs und bestimmte den Sohn zunächst für eine klerikale Laufbahn. 1523 begann er in Paris zu studieren und besuchte unter anderem das Collège Montaigu, an dem auch Erasmus humanistisch geprägt worden war. Doch der Vater änderte seinen Plan, vermutlich wegen eines Streits mit seinem kirchlichen Arbeitgeber, und bestimmte den Sohn nunmehr dazu, Rechtsgelehrter zu werden. Calvin studierte Jura in Orléans und Bourges und wurde weiter humanistisch geprägt. Er erlernte schon in dieser Zeit die – für den Juristenberuf nicht notwendige – griechische Sprache. Das Jurastudium schloss Calvin mit einer Promotion ab, doch sein eigentliches Interesse galt der klassischen Literatur. 1532 veröffentlichte er einen Kommentar zu Senecas „De clementia" (Von der Milde).

Wenig später widerfuhr Calvin eine „plötzliche Bekehrung" (subita conversio), wie er es später einmal selbst formulierte. Wann, wo und warum ist jedoch nicht bekannt. Möglicherweise hatte Calvin Schriften Luthers gelesen oder hatte von aus Deutschland stammenden Gelehrten von Luther gehört. In Frage dafür kommt der deutsche Humanist Melchior Wolmar, der Calvin in die Anfangsgründe des Griechischen eingeführt hat und von dem bekannt ist, dass er später Paris wegen lutherischer Überzeugungen verlassen musste. Ferner ist an Calvins Vetter Pierre Robert Olivétan zu denken, der wie er aus Noyon stammte und den er in Orléans wieder traf. Olivetanus, wie sein Gelehrtenname lautete, gehörte auf jeden Fall später zu den Anhängern der Reformation und legte 1535 die erste evangelische Bibelübersetzung in die französische Sprache vor. Doch das alles bleiben Mutmaßungen.

Fest steht, dass Calvin im Winter 1533/34 aus Paris floh. Calvin war gefährdet, weil er ein langjähriger Freund von Nikolaus Cop war, der kurz zuvor Rektor der Sorbonne geworden war und als solcher am 1. November 1533 eine Rede gehalten hatte, die eindeutig reformatorisches Gedankengut enthielt und die Calvin möglicherweise sogar verfasst oder mitverfasst hatte. Cop wurde angeklagt und zog es in dieser Situation vor, in das evangelische Basel zu fliehen. Im Laufe des Novembers kam es in Paris zu zahlreichen Verhaftungen. Im Jahr darauf eskalierten die Auseinandersetzungen, als in Paris und Umgebung Plakate ausgehängt wurden, in denen die Messe als Missbrauch des Abendmahls Christi verurteilt wurde. Der König ordnete die Unterdrückung der „lutherischen Sekte" an.

Calvin entschloss sich, nunmehr Frankreich ganz zu verlassen, und gelangte auf nicht näher bekannten Wegen im Januar 1535 nach Basel, wo er Cop wieder traf. Um sicherzugehen, benutzte er den Decknamen Martianus Lucianus, der auf fast schon auffällige Weise an Martin Luther erinnerte. Calvin wollte jedoch in Basel niemanden provozieren, sondern gedachte, seine gelehrten Interessen weiterzuverfolgen. Er suchte die Ruhe. In Kontakt kam er mit Männern wie Bucer und Bullinger, die in seinem späteren Leben noch eine Rolle spielen sollten, vermutlich aber nicht mit Erasmus. Calvin schrieb in Basel u. a. ein evangelisches Lehrbuch des christlichen Glaubens, mit dessen Vorbereitung er wahrscheinlich schon in Frankreich begonnen hatte. Es erschien 1536 im Druck, als Calvin Basel bereits wieder verlassen hatte und auf dem Weg nach Ferrara war, und trug den Titel „Unterricht in der christlichen Religion" (Christianae Religionis Institutio). Vergleichbar mit Melanchthons Loci sollte dieses Werk Calvin durch sein ganzes weiteres Leben begleiten, es wurde verändert und erweitert und in viele Sprachen übersetzt. Der „Unterricht" war eigentlich ein Katechismus, allerdings nicht in Frage-Antwort-Form, sondern in der Form eines Traktats. Inspiriert war er vom 1529 veröffentlichten Katechismus Luthers, aber auch von Gedanken Melanchthons und Bucers. Calvin behandelte das Gesetz (Zehn Gebote), den Glauben (Apostolikum) und das Gebet (Vaterunser), ferner Taufe und Abendmahl sowie die von der Reformation verworfenen „Sakramente" Beichte/Buße, Firmung, Ehe und Letzte Ölung (Krankensalbung) und schließlich die christliche Freiheit sowie Fragen des Kirchenverständnisses und der Obrigkeitslehre. Vorangestellt hat Calvin dem Werk eine Vorrede, gerichtet an den französischen König. In ihr verteidigte er die Evangelischen in Frankreich gegen den Vorwurf des Verrats und der revolutionären Umtriebe.

1536 kam es zu einer weiteren Wende in Calvins Leben. Noch immer von dem Vorhaben geleitet, als Gelehrter und in Ruhe zu leben, war Calvin von Ferrara zurück nach Basel und weiter nach Paris gereist, um dort einige Dinge zu regeln. Er beabsichtigte, wieder nach Basel oder nach Straßburg zu gehen, musste aber wegen kriegerischer Auseinandersetzungen in der Region einen Umweg über Genf einschlagen. Dort hatte die Reformation bereits seit einigen Jahren unter Führung des ebenfalls aus Frankreich stammenden Guillaume Farel, dem Calvin 1535 in Basel schon einmal begegnet war, Fuß gefasst. Farel und Calvin sahen sich in Genf Anfang Juli 1536 wieder, und der erste Reformator Genfs drängte den Gelehrten, zu bleiben und in der Stadt als Lektor der Heiligen Schrift zu wirken. In der Stimme Farels hörte Calvin den Willen Gottes und ließ sich zum zweiten Mal in seinem Leben aus der Bahn werfen. Er blieb und engagierte sich für die Reformation. Aus dem Humanisten war endgültig ein Reformator geworden.

In Genf verfasste Calvin eine Gottesdienstordnung, einen Katechismus und ein Glaubensbekenntnis. Farel und Calvin hatten die Absicht, alle Bürger der Stadt eidlich auf die neue Lehre zu verpflichten. Doch das ging dem Rat der Stadt zu weit. Es kam zu Auseinandersetzungen mit den beiden Reformatoren, bei denen auch die Frage eine Rolle spielte, ob das Abendmahl in Genf nach dem Vorbild der Berner Reformationsordnung gehalten werden sollte. Im Frühjahr 1538 endete der Streit mit der Ausweisung der Reformatoren aus der Stadt.

Calvin begab sich nun nach Straßburg und übernahm dort im Auftrag Bucers die Leitung der französischen Flüchtlingsgemeinde. Er lernte Bucers Prinzipien der Kirchenorganisation kennen und konnte in seiner eigenen Gemeinde manches ausprobieren, was er in Genf nicht hatte verwirklichen können, unter anderem eine strenge Kirchenzucht unter Einbeziehung der Exkommunikation als Ausschluss von der Abendmahlsteilnahme. Bis 1541 blieb er in Straßburg, nahm von dort aus an den Religionsgesprächen teil, lernte Melanchthon kennen und schätzen und unterschrieb die Confessio Augustana. Luther ist er allerdings nicht persönlich begegnet.

1541 rief der Rat von Genf Calvin zurück, und er kam wieder und blieb bis zu seinem Tod. Die Straßburger Erfahrungen wandte Calvin nunmehr in Genf an und gab der dortigen Reformationskirche ein ganz eigenes Gepräge. Anders als Luther und die Wittenberger legte er großen Wert auf ein sittliches Leben der Christen. In der Abendmahlslehre vertrat er in gemäßigter Form die Position Zwinglis. Es wurden vier verschiedene kirchliche Ämter geschaffen und die Laien dadurch in die Gemeindeleitung weitaus stärker einbezogen als im Luthertum, wo die Kirche auf dem Weg war, zu einer reinen Pastorenkirche zu werden. Hierbei griff Calvin direkt auf Straßburg und Ideen Bucers zurück. Sein Anliegen war es, die Kirche so zu organisieren, wie es im Wort Gottes vorgeschrieben und wie es in der Frühzeit der Kirche praktiziert worden sei. Das erste der vier Ämter war das des Hirten oder – griechisch – Pastors. Ihm oblag die Verkündigung des Wortes, die Sakramentsverwaltung und die Seelsorge. Voraussetzung für die Zulassung in dieses Amt war die Reinheit der Lehre, die Fähigkeit zu unterrichten und zu organisieren sowie ein tadelloser Lebenswandel. Die Genfer Pfarrer mussten Vorbilder für ihre Gemeinde sein. In wöchentlichen Zusammenkünften wurden Bibeltexte besprochen und die Lehre und das Leben der einzelnen Pastoren überprüft. Das zweite Amt war das der Gelehrten oder Doktoren. Ihre Aufgabe bestand darin, in den Schulen zu unterrichten. Die dritte Gruppe von Amtsträgern waren die Ältesten. Sie führten Aufsicht über das Leben jedes einzelnen Gemeindeglieds und berichteten darüber den Pfarrern. Die Diakone, die vierte Gruppe unter den kirchlichen Amtsträgern, hatten die Aufgabe, Geld einzusammeln und zu verwalten sowie an Bedürftige zu verteilen. Außerdem waren sie zuständig für das Krankenhaus, das zugleich Alten- und Kinderheim war. Geregelt wurden diese Dinge in der Kirchenordnung von 1541. Es sollte jedoch Jahre dauern, bis sie umgesetzt und die mit ihnen verbundenen Konflikte zwischen Kirche und weltlicher Obrigkeit ausgeräumt waren.

Zu einem heftigen Konflikt kam es in Genf über die Lehre von der göttlichen Trinität. Michael Servet, ein Anhänger Calvins und bedeutender humanistischer Gelehrter, leugnete diese schon in der Frühzeit der Christenheit definierte Lehre, vertrat einen strengen Monotheismus und sah in Jesus Christus eine Erscheinungsform Gottes, aber kein zweites gottgleiches Wesen. Servet wurde in Genf der Prozess gemacht, und er landete 1553 mit Zustimmung Calvins auf dem Scheiterhaufen. Dies war die erste Ketzerverbrennung der Reformation. Melanchthon und andere

Reformatoren stimmten dem Urteil und der Strafe zu. In Basel allerdings erhob sich ein einsamer Protest: Sebastian Castellio, Humanist und selbst Anhänger der Reformation, schrieb eine Aufsehen erregende Schrift, die sich gegen Ketzerverbrennungen aussprach und für religiöse Toleranz plädierte. 1903 wurde für Servet in Genf ein Gedenkstein errichtet.

Von größter Bedeutung für Genf war die Gründung einer Akademie im Jahre 1559. Calvin hatte seit 1536 Vorlesungen über die Bibel gehalten. In Straßburg lernte er das dort von Johannes Sturm gegründete und geleitete Gymnasium kennen. In seiner Kirchenordnung sprach Calvin 1541 von einem Doktorenamt im Dienste von Kirche und Staat. 1558 schritt man in Genf zur Tat, suchte ein geeignetes Gebäude und gründete ein Gymnasium und eine Akademie. Die Akademie entsprach einer Universität, nur dass dieser Titel nicht verwendet wurde, weil Universitäten damals Institutionen des päpstlichen Rechts waren und kein Papst der Gründung einer evangelischen Universität in Genf zugestimmt hätte. Viele standen dem Vorhaben skeptisch gegenüber, aber im Jahr der Eröffnung ließen sich gleich 162 Studenten einschreiben. Bald kamen auch viele Ausländer. Die Studenten hatten bei der Immatrikulation das Genfer Bekenntnis zu unterschreiben. Zunächst wurde an der Akademie nur Theologie gelehrt und dabei so gut wie ausschließlich Exegese. Calvin selbst hielt Vorlesungen über das Alte Testament und legte Schritt für Schritt dessen Bücher aus. Er eröffnete seine Vorlesungen mit der Verlesung des hebräischen Textes, danach übersetzte er den Text ins Lateinische und anschließend trug er seine Auslegung vor. Dabei sprach er, ohne von irgendwelchen Aufzeichnungen Gebrauch zu machen. Der Mann besaß ein fantastisches Gedächtnis. Nach Calvins Tod bekam die Akademie auch eine medizinische und eine juristische Abteilung. Die Genfer Akademie war die Keimzelle der heutigen Universität Genf.

Doch Calvin war nicht nur Exeget. In seiner Straßburger Zeit und in seiner zweiten Genfer Periode nahm er auch die Arbeit an seinem „Unterricht" (Institutio) wieder auf. Aus dem kurz gefassten „Unterricht" wurde, unter Beibehaltung des Titels, eine Gesamtdarstellung der Theologie mit großer Detailliertheit und gewaltigem Umfang, vergleichbar mit dem Anwachsen von Melanchthons Loci. 1539 erschien eine erste Neuausgabe, und eine weitere folgte 1559. Jedes Mal ließ Calvin seine neue Ausgabe auch von einer eigenen Übersetzung ins Französische begleiten. Die beiden Neuausgaben waren für Studenten der Theologie als Lehrbücher gedacht und stark von Melanchthons Loci beeinflusst. Die Ausgabe von 1559 ist in achtzig Kapitel gegliedert, die in vier Büchern präsentiert werden. Sie ist der Ausgangspunkt für eine zusammenfassende Darstellung der Theologie Calvins.

Ein Fixpunkt von Calvins theologischem Denken war die von Melanchthon beeinflusste These, dass Gotteserkenntnis und Selbsterkenntnis in einem Zusammenhang stehen. Mit Gott kann man sich nicht an sich, nicht isoliert beschäftigen, sondern man kann ihn nur in seiner Beziehung zum Menschen betrachten. Quelle der Gotteserkenntnis ist die Heilige Schrift, wo Gott in Beziehung zu seinem Volk und zu auserwählten Menschen seines Volkes begegnet. Im Rahmen seiner Gotteslehre betont Calvin, anders als Luther und Melanchthon, aber mit Zwingli, das Bilderverbot.

Eine Eigenart der Theologie Calvins, die viele Diskussionen ausgelöst hat, ist die Prädestinationslehre. Calvin geht von der Frage aus, wie es sein könne, dass ein Teil der Menschen glaube, andere jedoch nicht. Den Glauben sieht er als im Menschen von Gott gewirkt an und kommt zu der Auffassung, dass Gott vor aller Zeit einen unbegründbaren und unhinterfragbaren Ratschluss getroffen habe, aus der Masse der dem Sündenleben verfallenen Menschen einige auszuwählen und ihnen den Glauben und damit das Heil zu schenken. Calvin griff bei diesen Überlegungen auf Gedanken des Kirchenvaters Augustin zurück, mit dem auch er sich intensiv befasst hatte. Doch mit dieser Erwählung hätte Gott zugleich bewusst andere nicht auserwählt und sie der ewigen Verdammnis überlassen. Theologen in der Tradition Luthers konnten diesem Gedankengang nicht folgen, sondern hielten mit Tit 2,11 daran fest, dass Gott das Heil aller Menschen wolle. Widerspruch gab es jedoch auch in Genf. Der aus Frankreich stammende, reformatorisch gesinnte Humanist und Arzt Hieronymus Bolsec erhob 1551 öffentlich den Einwand, durch Calvins Lehre werde Gott zum Urheber der Sünde gemacht. Der Mann wurde umgehend verhaftet, verhört und schließlich dauerhaft aus der Stadt verbannt. Er kehrte nach Frankreich zurück, schloss sich wieder der katholischen Kirche an und schrieb böse Bücher gegen den Genfer Reformator.

Am 27. Mai 1564 starb Calvin in Genf. Wunschgemäß wurde er anonym bestattet. Kein Grabstein zierte sein Grab, und so ist der Ort, wo er liegt, nicht mehr bekannt. Calvin hatte nie viel Aufhebens um seine Person gemacht. Deshalb ist nur wenig von seinem Leben bekannt, und deshalb gibt es auch, von bei Vorlesungen entstandenen Kritzeleien einiger Studenten einmal abgesehen, so gut wie keine Bilder von ihm. Er wollte immer nur der Sache dienen und wurde auch von seinen Anhängern nicht wie – zumindest tendenziell – Luther von seinen Anhängern zu einem evangelischen Heiligen gemacht. Die Nachfolge Calvins trat in Genf sein Schüler Theodor von Beza an, wie Calvin ein Franzose und ein Jurist, aber ein Adliger, der zuvor Rektor der Akademie gewesen war.

Calvin hatte, beginnend mit seiner zweiten Genfer Periode und über seinen Tod hinaus eine große Ausstrahlung. Viele Evangelische in vielen Ländern, allen voran wären Frankreich, die Niederlande und England zu nennen, orientierten sich an seiner Theologie und an dem Genfer Vorbild. So entstand der Calvinismus als eine Richtung evangelischer Theologie und Frömmigkeit sowie evangelischen Kirchenwesens, die es neben dem Luthertum bis heute gibt. Zürich und Zwingli hatten nicht diese Wirkung, und die Einflüsse Bucers mündeten teilweise in das Luthertum, teilweise in den Calvinismus. Aber die lutherischen Kirchen einerseits und andererseits die calvinistischen oder „reformierten", wie man sie schon im 16. Jahrhundert auch nannte, bilden bis heute die beiden großen Formen des evangelischen Christentums.

Gegner

Die Reformation stieß von Anfang an auf Widerspruch. Es widersetzten sich ihr auch Männer, die selbst energisch eine Reform der Kirche forderten und betrieben. Reuchlin stand der Reformation zunächst nahe und Erasmus hat sogar mit ihr sympathisiert, doch beide haben sich wieder abgewandt und sind der alten Kirche treu geblieben. Als offener Gegner der Reformation hat sich Reuchlin aber nicht und Erasmus nur eingeschränkt betätigt. Es gab jedoch andere im Humanismus verwurzelte Gelehrte, die von Anfang an und konsequent, öffentlich und heftig gegen die Reformation kämpften.

Johannes Eck

Eck war der bedeutendste Gegenspieler der Reformation und einer der intellektuell fähigsten. Er war schon im Ablassstreit mit Luther engagiert, forderte Luther bei der Leipziger Disputation heraus, stritt mit Oekolampad in Baden, begegnete Melanchthon in Augsburg sowie Bucer und Melanchthon bei den Religionsgesprächen und kannte Hubmaier schon aus dessen Studentenzeit. Für den römischen Prozess gegen Luther und das Bannurteil gegen ihn trug er die Hauptverantwortung, ebenso für die Verketzerung Zwinglis. So nimmt es nicht wunder, dass er von den Evangelischen allzeit verspottet wurde. Luther sprach von „Dr. Sau“ und dem „Schwein von Ingolstadt“.

Johannes Eck hieß eigentlich Johannes Maier und stammte aus Egg an der Günz. Sein Herkunftsort wurde ihm zum neuen Nachnamen, wie das auch bei Karlstadt gewesen war. Er wurde am 13. November 1486 geboren. Die Schule besuchte er fern der Heimat in Rottenburg, wo sein Onkel Pfarrer war. Wie Melanchthon studierte er in Heidelberg und in Tübingen, und wie Melanchthon erwarb er bereits in jugendlichem Alter in Tübingen den Magistertitel, mit vierzehn Jahren im Jahre 1501. Danach studierte er in Köln und in Freiburg im Breisgau Theologie, erwarb wie Luther den Doktorgrad (1510 in Freiburg) und übernahm 1510 eine Professur an der humanistischen Reformuniversität Ingolstadt. Einer seiner Schüler war Hubmaier, der ihm von Freiburg nach Ingolstadt folgte und den er 1512 in Ingolstadt promovierte.

Wie Melanchthon, Zwingli und Calvin empfing Eck eine intensive humanistische Bildung. Er lernte Griechisch und Hebräisch, unter anderem bei Reuchlin. Erasmus ist ihm dagegen nicht persönlich begegnet. Eck reagierte zurückhaltend auf das Neue Testament des Erasmus und kritisierte unter Verweis auf das Pfingstwunder die Behauptung des Gelehrten, die Evangelisten hätten das Griechische, da es nicht ihre Muttersprache gewesen sei, nur unzulänglich beherrscht und seien bei seinem Gebrauch von Eigenheiten der hebräischen Volkssprache beeinflusst gewesen. Erasmus konterte ganz biblizistisch, die griechische Sprache werde in der Geschichte vom Pfingstwunder nicht genannt und außerdem habe laut dem biblischen Bericht die wundersame Sprachbegabung nur einen Tag lang gedauert.

Zwischen Eck und Luther gab es 1517 Ansätze zu einer positiven Beziehung, doch bereits im Jahre 1518 griff Eck Luther an. Im Auftrag des Eichstätter Bischofs hatte er zu dessen persönlichem Gebrauch handschriftlich kritische Bemerkungen zu Luthers Ablassthesen verfasst. Über Nürnberg gelangten sie in einer Abschrift, von Eck nicht beabsichtigt, an Luther. Dieser war empört und antwortete seinerseits handschriftlich und ließ seine Gedanken über Nürnberger Mittelsmänner Eck zukommen. Gleichzeitig trat Karlstadt im April 1518 mit Thesen an die Öffentlichkeit, über die er eine Disputation anregte. Eck reagierte darauf im August 1518 ebenfalls öffentlich mit eigenen Thesen zu den Themen Buße, Ablass sowie Gnade und freier Wille und forderte Karlstadt auf, mit ihm zu disputieren. Im Oktober traf Luther in Augsburg mit Eck zusammen und verhandelte mit ihm über Ort und Zeitpunkt der Disputation, gedacht war an Erfurt oder Leipzig. Im Dezember 1518 veröffentlichte Eck weitere Thesen zu dem schon genannten Themenkreis, offiziell gegen Karlstadt, faktisch aber gegen Luther gerichtet. Darauf verfasste Luther Gegenthesen und kündigte seine Teilnahme an der Disputation an, die zwischenzeitlich auf Leipzig festgelegt worden war. So kam es zum Zusammentreffen Ecks und Luthers im Juni 1519 in Leipzig. Die alles auslösenden handschriftlichen Bemerkungen, die „Spießchen" (Obelisci), wie Luther Ecks Text bezeichnet hatte, und die „Sternchen" (Asterisci), mit denen Luther geantwortet hatte, wurden erst nach Ecks Tod gedruckt.

Die Leipziger Disputation verlief aus Ecks Sicht für ihn selbst erfolgreich. Es gelang ihm, Luther aus der Reserve zu locken und ihn zur Vertretung von aus seiner Sicht eindeutig häretischen Positionen zu veranlassen. Schon ein halbes Jahr zuvor, nach dem Zusammentreffen mit Luther in Augsburg, hatte er den Verdacht gehabt, dass es Luther um weit mehr gehe als um den Ablass. Während er Luthers Ablasskritik insgeheim zustimmen konnte, kritisierte er vehement dessen Sicht der Buße sowie dessen Haltung zum Papsttum. Es ist kein Zufall, dass sich Eck in der Folge mit dem päpstlichen Primat befasste und darüber 1522 ein Buch veröffentlichte sowie mit dem Sakrament der Buße, worüber er 1522/23 gleich drei Schriften an die Öffentlichkeit stellte.

In Leipzig begegnete Eck auch zum ersten Mal Melanchthon, mit dem er später noch viel, viel mehr als mit Luther zu tun haben sollte. Allerdings schätzte er ihn 1519 noch gering, bezeichnete ihn spöttisch, auf seine geringe Körpergröße anspielend als „kühnes Männlein" und despektierlich, wegen des fehlenden theologischen Examens, als „Wittenberger Sprachlehrer", während er von Luther noch ehrfurchtsvoll als „Vater Martin Luther" und „Doktor Martinus" sprach. Zweimal kam es im Verlauf der Disputationsrunden sogar zu direkten Zusammenstößen zwischen Eck und Melanchthon. Weil Letzterer Luther und Karlstadt zum Ärger Ecks mit Argumenten versorgte, tadelte ihn Eck öffentlich und wies ihn zurecht mit der spitzen Bemerkung „Der Geist weht wo er will" und, sogar in deutscher Sprache, mit der ironischen Aufforderung „Philipp, sag mir auch einmal etwas", wie der Leipziger Student Johann Rubeus zu berichten weiß.

Im Jahre 1520 arbeitete Eck im Auftrag Roms die Bannandrohungsbulle aus. Wahrscheinlich hatte er sich selbst für diese Aufgabe ins Gespräch gebracht, indem er der römischen Kurie über den Verlauf der Disputation berichtet hatte. Mitbeteiligt an der Erstellung des Textes war auch Cajetan. Gemeinsam mit dem päpstlichen Bibliothekar Hieronymus Aleander wurde Eck im Juli beauftragt, die Bulle in Deutschland zu publizieren, was jedoch auf erhebliche Schwierigkeiten auch im eigenen Lager stieß, da viele Bischöfe, Aufruhr fürchtend, zögerten. Eck war das Recht zugestanden worden, im Rahmen der Publikation der Bulle Anhänger Luthers ausdrücklich zu benennen. So wurde u.a. auch Karlstadt und dem Nürnberger Humanisten Willibald Pirckheimer der Bann angedroht. Ende September wurde das Dokument in Meißen, Merseburg und Brandenburg publiziert, und am 3. Oktober wurde es der Universität Wittenberg übersandt. Eck hatte seine Pflicht erfüllt.

Beim Augsburger Reichstag 1530 trat Eck der Confessio Augustana mit 404 Thesen gegenüber und war federführend bei der Verfassung einer Widerlegungsschrift, der Confutatio, die im Namen des Kaisers am 3. August 1530 vor den Reichsständen verlesen wurde und somit reichsrechtliche Geltung erlangte, den lutherischen Ständen aber nicht förmlich zugestellt wurde. Sie betont wie die CA die gemeinsamen Glaubensüberzeugungen und begründet die Differenzen. Dabei argumentiert sie mit der Heiligen Schrift, den Kirchenvätern und den frühen Konzilien. Außerdem verfasste Eck Widerlegungen der Confessio Tetrapolitana sowie des von Zwingli eingereichten Bekenntnisses. Im Hintergrund des Reichstages beteiligte er sich an Ausgleichsverhandlungen mit Melanchthon, die zwar Ergebnisse, aber keinen Erfolg hatten. Bei diesen Gesprächen lernte Eck Melanchthon schätzen und als Theologen ernst zu nehmen. Die beiden kamen sich menschlich nahe, liehen sich Bücher aus und machten sogar Scherze miteinander.

Neben Leipzig und Augsburg war Ecks glanzvollster öffentlicher Auftritt als Gegner der Reformation die Disputation von Baden 1526. Vor zweihundert Zuhörern stritt er mit Oekolampad und weiteren Schweizer Reformatoren unter anderem über das Verständnis und die Praxis des Abendmahls. Eck machte sich, nicht nur weil es seine Gegner verlangten und taktische Gründe dafür sprachen, sondern auch aus – humanistisch begründeter – Überzeugung das protestantische Schriftprinzip zu eigen und argumentierte allein auf der Basis der Bibel. So schlug er die Evangelischen mit ihren eigenen Waffen. Wenn auch Zwingli an dieser Veranstaltung wie geplant teilgenommen hätte, würde sie heute zu den Höhepunkten der Reformationsgeschichte zählen. Infolge des Fernbleibens des Zürichers blieb sie ein innerschweizerisches Ereignis.

Doch Eck stritt auch mit seiner eigenen Kirche. Er befürwortete die Aufhebung des mittelalterlichen Zinsverbots und gab so Anstöße zu einer modernen Wirtschaftsethik. Die Kirche hatte die Auffassung, es sei eine Sünde, gegen Zinsen Geld zu leihen. Auch Luther teilte diese Position. Eck aber war da anderer Ansicht, verwies auf die Gewissensnöte der Kaufleute und auf den Widerspruch zwischen kirchlicher Theorie und wirtschaftlicher Praxis, unterschied zwischen Zins und Wucher und hielt einen Zinssatz von 5 Prozent für legitim. Er forderte eine Disputation über die Frage, die ihm 1514 in Ingolstadt verwehrt wurde und deshalb 1515 in Bologna stattfand. Eine weitere folgte 1516 in Wien. Sein Ziel erreichte Eck in dieser Frage jedoch nicht. Viele beschimpften ihn als Fugger-Knecht.

Als erster altgläubiger Theologe setzte sich Eck von 1525 an literarisch mit den Täufern auseinander. Im Hintergrund mag die Tatsache gestanden haben, dass ausgerechnet sein begabter Schüler Hubmaier, den er einmal über alles geschätzt hatte, diesen Weg eingeschlagen hatte und außerdem im Herbst 1524 gegen seinen Lehrer 26 Thesen hatte ausgehen lassen. In fünf seiner für Augsburg aufgestellten 404 Artikel setzte sich Eck dezidiert mit Hubmaier auseinander.

Als Reformer betätigte sich Eck von 1515 an in Ingolstadt. Wie Melanchthon verfasste er moderne Lehrbücher der Logik und Aristoteles-Kommentare, die sich durch die vorgenommene Vereinfachung des Textes für Studenten besser eigneten als die Kommentare des Mittelalters. Außerdem wurden in Ingolstadt die alten Hörsaalvorlesungen durch moderne Lektürekurse ersetzt. In Ingolstadt hat Eck auch gerne und häufig gepredigt. 1530–1539 erschienen fünf Bände mit Predigten. Eine eigene, auf Luther und Zwingli reagierende Bibelübersetzung legte er 1537 vor.

Als Theologe leistete Eck Beiträge zu vielen Themen der Theologie, darunter zur Prädestinations- und Rechtfertigungslehre.

Ganz anders als Calvin und darin typisch katholisch erklärte er, Gott bestimme diejenigen zum Heil, von denen er voraussehe, dass sie mit seiner Gnade mitwirkten und in ihr bis zum Lebensende verharrten. Mit dieser Position wahrte Eck die Souveränität Gottes, die auch Calvins Anliegen war, ließ aber auch Raum für das Personsein des Menschen. Die „wirkende Ursache" auf dem Weg des Menschen zum Heil, in der Sprache der Scholastik, ist die Gnade Gottes, nicht das Verhalten des Menschen, denn die Gnade Gottes gibt den Anstoß, den der Mensch aufnehmen oder ablehnen kann. Prädestination ist also bei Eck eine göttliche Vorherbestimmung als Folge des göttlichen Vorauswissens.

Ecks theologisches Hauptwerk ist eine nach Melanchthons Vorbild entworfene Gesamtdarstellung der Theologie, betitelt „Handbuch theologischer Hauptpunkte" (Enchiridion locorum communium) und 1525 erstmals erschienen. Auch in diesem Werk erweist sich Eck als ein Theologe, der sich in der Bibel auskennt und mit der Bibel zu argumentieren versteht. Ähnlich wie Melanchthon seine Loci und Calvin seine Institutio hat auch Eck sein „Handbuch" mehrfach überarbeitet und erweitert und auch, erstmals 1530, ins Deutsche übersetzt. Insgesamt kam es zu 121 Druckausgaben, darunter zehn Übersetzungen ins Deutsche, Niederländische und Französische. Eck stellt in diesem Buch den Benutzern Argumentationsmaterial für die Auseinandersetzungen mit den Reformatoren bereit. Dabei geht er immer so vor, dass er einer grundsätzlichen Darstellung eines Themas zunächst einen reformatorischen Einwand entgegenstellt und darauf eine Auflösung folgen lässt. Die bei den verschiedenen Neuausgaben vorgenommenen Erweiterungen spiegeln den Gang der theologischen Kontroversen der Reformationszeit. 1529 hat er beispielsweise, auf den evangelischen Abendmahlsstreit reagierend, das Thema Realpräsenz aufgenommen und ebenso, auf die Auseinandersetzungen mit den Täufern reagierend, das Thema Kindertaufe. Ein zentrales Thema des Handbuchs war immer der päpstliche Primat, über den Eck mit Luther 1519 in Leipzig gestritten hatte. Eck verteidigt den Anspruch des Papstes auf eine Vorrangstellung mit dem hierarchisch gegliederten alttestamentlichen Kult, mit der angeblichen Überlegenheit des Petrus über die anderen Apostel und mit dem Argument, die Monarchie sei allenthalben die beste Regierungsform, und selbstverständlich habe Gott auch für seine Kirche die beste Regierungsform gewählt. Der römische Bischof war für Eck Hirte und Lehrer der Kirche, und er sah ihn als unfehlbar an.

Das Ende der Reformationsepoche und den Beginn des auch von ihm nachdrücklich gewünschten Konzils hat Eck nicht mehr miterlebt. Er starb am 10. Februar 1543 in Ingolstadt. Die Evangelischen verbreiteten über seinen Tod Schauergeschichten und schmähten ihn weiter als großen „Feind Christi".

Leo X.

Nicht theologisch, aber kirchlich war der zur Zeit von Luthers Thesenveröffentlichung regierende Papst der wichtigste Gegner der Reformation. Papst Leo X. wurde am 11. März 1513 gewählt und regierte bis 1. Dezember 1521, als er in Rom starb.

Leo X. hieß eigentlich und ursprünglich Giovanni de' Medici und war am 11. Dezember 1475 in Florenz geboren worden. Die Medici waren die berühmteste Familie der Stadt und besaßen das führende europäische Bankhaus. Seit 1434 waren sie in Florenz auch die Stadtherren. Giovanni war der zweite Sohn von Lorenzo dem Prächtigen (il Magnifico), der Florenz seit 1478 geradezu diktatorisch regierte. Humanistisch gesinnt förderte er Kunst und Dichtung und betätigte sich in Italien als Friedensstifter, verwaltete das Familienvermögen aber mehr schlecht als recht.

Als zweitgeborener Sohn wurde Giovanni den Sitten hoch stehender Familien gemäß für den geistlichen Stand bestimmt. Als 7-Jähriger wurde er tonsuriert, früh wurde er mit reichen „Pfründen" – kirchlichen Stellen und Besitztümern, die ihm Einkommen verschafften – ausgestattet, darunter die altehrwürdige Benediktinerabtei Montecassino, und bereits 1489, als noch nicht einmal 14-Jähriger, zum Kardinal ernannt. Giovanni genoss eine humanistische Erziehung.

In Florenz erlebte Giovanni mit seiner Familie turbulente Jahre. Der dominikanische Bußprediger Hieronymus Savonarola trat auf, der in manchem Luthers Kritik an der Kirche vorwegnahm und den Luther wegen seiner Auslegung der Psalmen 30 und 50 ausgesprochen schätzte. Nach der durch außenpolitische Missgeschicke ausgelösten Vertreibung der Medici 1494 übernahm Savonarola in der Stadt die Führung. Giovanni floh 1494 in Verkleidung aus der Stadt und gelangte nach Bologna. Anschließend reiste er mit seinem Bruder Giuliano durch Deutschland, Flandern und Frankreich. Auf dieser Reise lernte er Erasmus kennen und schloss Freundschaft mit ihm. Erasmus hat ihm später, als er Papst geworden war, sein Neues Testament gewidmet, denn er verband mit dem Amtsantritt des humanistisch gebildeten Mannes große Erwartungen. Leo X. bedankte sich herzlich mit einem Brief, und dieser wurde in allen weiteren, ab 1519 erscheinenden Ausgaben des „Novum Instrumentum“ als Empfehlungsschreiben vorangestellt. 1517 entband Leo Erasmus durch einen Generaldispens von seinen Ordensgelübden und befreite ihn zugleich von dem Makel seiner illegitimen Herkunft.

Im Jahre 1500 war Giovanni wieder in Italien und zog nach Rom. Dort widmete er sich der Literatur und den schönen Künsten, gelangte aber bald schon am päpstlichen Hof zu Ansehen und Einfluss. Unter Julius II. wurde er päpstlicher Gesandter (Legat) in Bologna und befehligte das päpstlich-spanische Heer, das die Franzosen aus Italien vertreiben sollte. Unter seinem starken König Franz I. machte Frankreich in Norditalien seine Macht- und Gebietsansprüche mit aller Kraft geltend. Am 11. April 1512 wurde Giovanni in der Schlacht von Ravenna besiegt, gefangen genommen und nach Mailand gebracht. Bald schon aber gelang ihm die Flucht, und er kehrte nach Rom zurück. Sein großes Ziel war nunmehr, den Medici in Florenz wieder zur Macht zu verhelfen. Das gelang im Jahre 1512. Gemeinsam mit seinem Bruder Giuliano regierte er von 1512 an die Stadt am Arno, bis zu seiner Wahl zum Papst.

Die Wahl Giovannis zum Papst ging rasch über die Bühne. Das Konklave (lat. conclave = verschlossenes Gemach), wie die abgeschottete Versammlung der Kardinäle zur Wahl eines Papstes genannt wird, dauerte nur acht Tage, und „Simonie“, wie man im kirchlichen Bereich den Ämterkauf nannte, spielte dabei keine

Rolle. Für die Wahl des Florentiners sprach, dass er politische Erfahrung mit sich brachte. Angeblich war er bei seiner Wahl krank und musste getragen werden und sich einer Operation unterziehen. Vielleicht dachten einige, die ihn wählten, dass er ohnehin nicht lange regieren würde. Nur fünfundzwanzig Kardinäle nahmen am Konklave teil. Bei seiner Wahl war der 37-jährige Giovanni noch kein Priester, sondern nur Diakon. Doch vier Tage nach seiner Wahl empfing er die Priester- und weitere zwei Tage später die Bischofsweihe. Am 19. März 1513 erfolgte die Krönung. Er nahm unter Rückgriff auf große Päpste des frühen Mittelalters den Namen Leo an. Vielleicht gefiel ihm der Name auch, weil er ein „Löwe" sein und Tatkraft und Mut beweisen wollte. Der letzte Papst Leo, Leo IX., hatte im 11. Jahrhundert regiert. Am 11. April zog Leo in einem Triumphzug von St. Peter zum Lateran, um von seiner römischen Bischofskirche Besitz zu ergreifen. Sein Selbstbewusstsein und die durch und durch weltlichen Erwartungen, die der Mediceer mit seinem hohen Amt verband, spiegeln sich in einem von einem Gesandten Venedigs überlieferten, aber natürlich nicht verbürgten Zitat. Danach soll Leo nach seiner Wahl seinem Bruder gegenüber gesagt haben: „Lasset uns das Papsttum genießen, da Gott es uns verliehen hat."

Nicht nur Erasmus, sondern auch viele führende Männer der Kirche verbanden mit Leo große Erwartungen, zumal das Pontifikat seines Vorgängers erfüllt gewesen war mit Kriegen. Julius II. hatte man den Beinamen „der Schreckliche" (Il Terribile) beigelegt. Von dem Mediceer nun erhofften sich alle Frieden, ein goldenes Zeitalter für Dichter, Gelehrte und Künstler und natürlich Reformen. Dies hatte er auch in der ihm im Zusammenhang seiner Wahl von den Kardinälen abgerungenen „Wahlkapitulation", einer im Vorfeld der Wahl abgeschlossenen vertraglichen Vereinbarung zwischen den Wählenden und dem Kandidaten, versprochen. Doch die großen Hoffnungen wurden enttäuscht. Das 5. Laterankonzil, das, von seinem Vorgänger eröffnet, schon seit 1512 über Maßnahmen beriet, endete 1517 ohne Folgen. Zwar waren 1514 Reformmaßnahmen wie die Einschränkung der Pfründenkumulation, die Abhaltung von Provinzial- und Diözesansynoden und die Reglementierung der Vergabe von Bistümern und

Abteien nur noch an würdige Personen beschlossen worden, doch der Papst setzte sie nicht um.

Auch Luther war hinsichtlich Leos lange Zeit optimistisch und wollte nicht glauben, dass der Papst wusste und billigte, was im fernen Deutschland in seiner Kirche geschah. Anfang 1518 ließ Luther in einer von ihm verfassten Erklärung seiner Ablassthesen, in den „Resolutiones", verlauten, man habe nunmehr mit Leo „einen sehr guten Papst", und unterstellte ihm „Aufrichtigkeit" und „Gelehrsamkeit". Im Mai 1518 schrieb Luther sogar einen Brief an Leo, in dem er dessen kirchliche Autorität anerkannte und ihn unterwürfig um ein Urteil über seine Lehre bat. Noch im Oktober 1520, als Luther eigentlich schon verketzert war, wandte er sich mit ehrfurchts- und demutsvollen Worten in einem – taktisch geschickt auf den 6. September 1520 zurückdatierten – Offenen Brief an Leo, den er seiner Schrift „Von der Freiheit eines Christenmenschen" voranstellte. Allerdings hatte Luther damals auch schon den Verdacht, der sich in ihm zur Gewissheit steigern sollte, der Papst, dieser Papst sei der u.a. in 1 Joh 2,18 und 2 Joh 7 angekündigte Antichrist, der die Kirche von Innen zerstören würde.

Auch politisch war Leo X. weniger erfolgreich als sein Vorgänger Julius II. Wie dieser versuchte er, sowohl den habsburgischen wie auch den französischen Einfluss von Italien fernzuhalten und die päpstliche Macht zu stärken. Parma und Piacenza musste er jedoch 1515 an den französischen König Franz I. abtreten. 1516 wurde er beinahe das Opfer eines Mordanschlages. Im Hintergrund stand eine umstrittene politische Einmischung in Siena. Der Drahtzieher, ein Kardinal, wurde verhaftet, eingekerkert, verurteilt und hingerichtet.

Als in Deutschland 1519 um die Nachfolge um den Kaiserthron gerungen wurde, unterstützte Leo zunächst Kurfürst Friedrich III. und später seinen einstigen militärischen Rivalen Franz I., weil er die mit der Wahl eines Habsburgers verbundene Umklammerung seines Kirchenstaates durch die habsburgische Weltmacht verhindern wollte. Mit dem neu gewählten Kaiser aber wandte er sich 1521 erneut gegen Frankreich und eroberte Mailand.

Engagiert war Leo zeitlebens für die Kunst und im Bauwesen. Er förderte Gelehrte und Dichter und natürlich Künstler wie

Raffael und Michelangelo. Sein größtes Projekt als Papst war die Fortführung des Neubaus der Peterskirche. Sein unmittelbarer Vorgänger Julius II. hatte 1506 den Grundstein für diese Kirche gelegt und zur Finanzierung des Neubaus einen „Plenarablass“ ausgeschrieben. Allen, die sich nach ihren jeweiligen finanziellen Möglichkeiten an dem Bauprojekt beteiligten, wurde ein vollkommener Nachlass aller zeitlichen Sündenstrafen versprochen. Die Ausschreibung war zeitlich und regional begrenzt und wurde deshalb mehrmals erneuert und anders konkretisiert. Leo verlängerte im Jahre 1515 die Ablassausschreibung für weitere acht Jahre und richtete sie auf die beiden deutschen Bistümer Magdeburg und Mainz aus. Da sich der Papst natürlich nicht selbst um den Verkauf der Ablassbriefe kümmerte, wurde als Generalkommissar für diesen Ablass Erzbischof Albrecht bestimmt, das geistliche Oberhaupt der beiden Diözesen. Es war ein Geschäft auf Gegenseitigkeit, das der Papst dem Erzbischof anbot. Dieser hatte nämlich eine Gebühr von 10.000 Dukaten an den Papst dafür zu zahlen, dass er neben dem neuen Erzbistum Mainz auch seine bisherigen Bistümer Magdeburg und Halberstadt behalten durfte. Entgegen seinen Vorsätzen von 1514 genehmigte Leo also erneut eine Pfründenkumulation allerersten Ranges. Um das Geld aufbringen zu können, übernahm Albrecht die Ablass-„Vermarktung“, weil er die Hälfte von dem dabei erwirtschafteten Geld behalten durfte. Die Reformation brachte das Ablassgeschäft und den Kirchenneubau ins Stocken, konnte ihn aber nicht aufhalten. Es sollte jedoch zweihundert Jahre dauern, bis diese Kirche mit ihren gewaltigen Dimensionen fertig war. Luther hatte in seinen Thesen die provozierende Frage gestellt, warum denn der Papst die Peterskirche vom Geld „armer Glaubender“ erbaue und nicht von seinem eigenen Geld, da sein Reichtum doch größer sei als der „des reichsten Crassus“ (These 86). Der römische Konsul Marcus Licinius Crassus mit dem Beinamen „der Reiche“ galt im 1. Jahrhundert vor Christus als einer der reichsten Männer und beeinflusste mit seinem Geld die Politik.

1520 erlaubte Leo als erster Papst überhaupt den Druck des vollständigen Talmuds. Der Talmud, der nachbiblische Traditionen des Judentums zusammenfasste, war die Grundlage des jüdisch-religiösen Lebens und seine Existenz war den Christen bekannt. Weil er jedoch aus christlicher Sicht Verleumdungen Jesu und Mariens enthielt und angeblich im Widerspruch zur Bibel stand, wollten ihn viele Theologen und Päpste des Mittelalters am liebsten einsammeln und verbrennen. Zuletzt hatten, wie schon dargestellt, Pfefferkorn und die Kölner Dominikaner für die Vernichtung des Talmuds plädiert. Leo jedoch stellte ihn an die Öffentlichkeit. Der Talmud musste allerdings mit einem christlichen Kommentar, den Responsen des Felix von Prato, gedruckt werden, die der Widerlegung angeblich antichristlicher Passagen dienen sollten. Felix war wie Pfefferkorn ein konvertierter Jude und lebte als Augustiner-Eremit. 1559 setzte Rom den Talmud jedoch auf den Index verbotener Bücher.

Leo gründete auch eine Schule für orientalische Sprachen. An sie berief er den Dominikaner Santes Pagninus aus Lucca, einen führenden Hebraisten, der neben dem Hebräischen auch das Arabische beherrschte. Er wandte sich wie Luther und Zwingli der hebräischen Bibel zu und übersetzte sie neu aus dem Urtext, allerdings natürlich ins Lateinische. Wegen der damit verbundenen indirekten Kritik an der Vulgata erntete er dafür wie Erasmus, Luther und Zwingli heftige Kritik.

Positiv zu erwähnen ist noch, dass es bei Leo keine Einwände gegen seinen sittlichen Lebenswandel gab. Man war seit Generationen etwas anderes gewohnt. Innozenz VIII. (1484–1492) hatte mehrere Kinder, zu denen er sich öffentlich bekannte. Im Vatikan führte er Hochzeitsfeiern seiner Kinder und Enkel durch. Alexander VI. (1492–1503) hatte mindestens neun Kinder, und zwar von verschiedenen Frauen, und trachtete danach, seinen Kindern sogar zu Fürstentümern zu verhelfen. Eine Tochter von ihm verwaltete den apostolischen Palast. Positiv zu erwähnen ist ferner, dass Leo, angestoßen durch Luthers Kritik, 1518 durch seine Bulle „Cum postquam“ zur dringend notwendigen Klärung der kirchlichen Lehre vom Ablass beitrug und einen Anfang machte, Missstände abzustellen.

Luther wurde von Leo von Anfang an unterschätzt. Er gedachte, der Sache durch Beschwichtigungen und Drohungen Herr werden zu können. Im Februar 1518 forderte er die Ordensleitung der Augustiner-Eremiten auf, Luther zu „besänftigen“. Im Herbst sandte er zum Vermitteln seinen Kardinal Cajetan nach Augsburg und seinen Diplomaten Karl von Miltitz nach Torgau. Erst auf Betreiben Ecks, der den Ernst der Lage erkannt hatte, kam es zu den beiden päpstlichen Bullen gegen Luther. Neben Luther verurteilte der Humanist auf dem Papstthron 1520 auch Reuchlins „Augenspiegel“.

Leo X. ist in mehrfacher Hinsicht mitverantwortlich für die Reformation. Deren durchschlagende Siege hat er nicht mehr erlebt. Als er am 1. Dezember 1521 an einem hartnäckigen Fieber starb, konnte er noch glauben, dass der ketzerische Mönch aus Wittenberg, der seit Monaten spurlos verschwunden war, alsbald dem Feuer überantwortet werden würde, wenn er nicht schon tot wäre. Doch Totgesagte leben bekanntlich länger. Leos Nachfolger hatten auszubaden, was er ihnen eingebrockt hatte. Die heutigen katholischen Papst-Geschichtsschreiber bezeichnen das Pontifikat Leos als „eines der verhängnisvollsten der Kirchengeschichte“ (Georg Schwaiger, $LThK^3$ 6, 1997/2006, 826). In S. Maria sopra Minerva liegt Leo X. begraben. Heilig gesprochen wurde er verständlicherweise nicht.

Außenseiter

Die Reformation war in sich gespalten und bestand eigentlich aus vielen Reformationen. Luther und Zwingli hatten sich entzweit, und die Täufer standen im Streit sowohl mit Wittenberg als auch mit Zürich. Hubmaier war ein Beispiel für einen Anhänger Luthers und Zwinglis, der sich radikalisierte, einen eigenen reformatorischen Weg ging und als Außenseiter auf dem Scheiterhaufen endete. Vergleichbare Gestalten gab es viele. Zusammen werden sie als radikale Reformatoren oder als der linke Flügel der Reformation bezeichnet, weil sie den Anspruch erhoben, konsequenter als Luther, Melanchthon, Bucer, Zwingli und Calvin die kirchlichen Missstände an den Wurzeln anzupacken, und weil sie deutlicher als Luther, Melanchthon, Bucer, Zwingli und Calvin mit der Reformation auch gesellschaftsverändernde Ziele verfolgten.

Ulrich von Hutten

Als Humanist zählte der Ritter Ulrich von Hutten zu den Wegbereitern der Reformation, und unter dem Einfluss Luthers wurde er zu einem Unterstützer und Propagandisten der Reformation. Seine Bereitschaft, gegen die Mächte der Vergangenheit mit Waffengewalt zu kämpfen, machte ihn aber zum Außenseiter, mit dem am Schluss niemand mehr etwas zu tun haben wollte. Vor allem und in erster Linie war Hutten jedoch ein lateinischer Schriftsteller und Dichter. Auf diesem Gebiet lagen seine eigentlichen Fähigkeiten.

Ulrich von Hutten wurde am 21. April 1488 auf der heute nur noch als Ruine erhaltenen Rhön-Burg Steckelberg bei Schlüchtern geboren und sollte nach dem Willen seines Vaters, obwohl er der erstgeborene Sohn war, wegen seiner geringen Körpergröße und schwächlichen Konstitution Mönch und später, wie es sich für einen Reichsritter gebührte, Abt werden. Von 1499 an lebte und lernte Ulrich, der seinen Vornamen wie Zwingli gerne, aber nicht so konsequent in Huldrych abwandelte, im Benediktinerkloster Fulda. Im Jahre 1503 nahm er in Erfurt, an der gleichen Universität wie Luther, sein Studium auf und wurde dort, weitaus deutlicher als Luther, humanistisch geprägt. Dass sich die beiden, die dort gleichzeitig ihr Grundstudium absolvierten, begegneten, ist mehr als wahrscheinlich. Mit Huttens humanistischem Freund Johann Jäger von Dornheim, der sich Crotus Rubeanus nannte, war Luther gut bekannt.

Im Jahre 1505, als Luther sein Jurastudium abbrach und Mönch wurde, vollzog auch Hutten einen Bruch mit seinem bisherigen Leben. Er gab sein Studium und sein Mönchsleben auf und reiste quer durch Deutschland. Er besuchte Köln, Leipzig, Greifswald und Wittenberg und erwarb nebenbei in Frankfurt an der Oder doch noch einen, den niedrigsten akademischen Grad, den des Baccalaureus artium, der heute in Deutschland als „Bachelor of Arts“ wieder Einzug in das Bildungswesen hält. Nun zog es Hutten nach Italien, wo er in Pavia und Bologna juristische Studien aufnahm, dann aber in das kaiserliche Heer eintrat und an der Seite des Kaisers gegen die Franzosen kämpfte. In den Jahren 1510 und 1511 trat er erstmals mit Schriften an die Öffentlichkeit und galt alsbald als hervorragender lateinischer Dichter. Unruhig zog er weiter, besuchte Wien und lernte dort den aus St. Gallen stammenden Humanisten Joachim von Watt, genannt Vadian, kennen. 1514 weilte er in Mainz und kam in Kontakt mit Erasmus. Dieser gab ihm Empfehlungsschreiben, die ihm Kontakte zu italienischen Humanisten vermittelten. Anerkennend erwähnte Erasmus Hutten in seinem Novum Instrumentum. Auch Reuchlin hatte Hutten kennen gelernt. In der Reuchlinistenfehde ergriff Hutten sofort Partei und war mit seinem Freund Crotus zusammen Hauptautor der Dunkelmännerbriefe. Doch das gute Verhältnis zu Erasmus begann sich zu trüben, weil in den „Briefen“ dessen Name mehrfach fiel und negative Bemerkungen über ihn gemacht wurden, wenn auch aus dem Munde der Kölner Dominikaner.

Zu Beginn des Jahres 1516 ging Hutten für einige Monate nach Rom. In der Heiligen Stadt erlebte er die Passionszeit und gewann, ähnlich wie Luther 1510, einen schlechten Eindruck von den dortigen Repräsentanten der Kirche. Ihm fiel auf, dass sich selbst hohe kirchliche Würdenträger offen über die in der Passionszeit geltenden Fastengebote hinwegsetzten, während er selbst, formal korrekt, für viel Geld so genannte Butterbriefe kaufte, das waren kirchliche Bescheinigungen, die von der Einhaltung der Fastenpflichten befreiten. Hutten hörte von Korruption, und ihm missfiel der pomphafte Aufzug des Papstes an Ostern. „Unter dem heiligen Schein frönen sie der wildesten Lust", dichtete er damals und schickte die Verse seinem Freund Crotus. Von den Qualitäten, die die Stadt in der Antike besessen hatte, konnte er nichts mehr entdecken: „Römisches, welches du suchst, findest du in Rom nicht mehr." Infolge dieser Erfahrungen gewann Huttens Kritik an der Kirche an Schärfe.

Doch Hutten geriet damals in Italien selbst auf die schiefe Bahn. In einem Wirtshaus in Viterbo erstach er unter nicht näher geklärten Umständen einen Franzosen und musste fliehen. Es war die gleiche Zeit, in der er gegen einen anderen Totschläger zur Feder griff. 1515–1519 klagte er in fünf im Druck erschienenen Reden Herzog Ulrich von Württemberg an, der 1515 im Schönbuch bei Tübingen seinen Stallmeister Hans von Hutten, einen Verwandten Ulrich von Huttens, getötet hatte, dessen Frau er begehrte. In der Folge auch anderer Vorkommnisse verhängte der Kaiser über den Herzog die Reichsacht, und er musste 1520 fliehen. Hutten war an diesem Schicksal des Württembergers beteiligt und wurde so unbewusst zu einem Wegbereiter der Reformation in Württemberg, denn der Herzog ging in den Elsass und kam dort unter den Einfluss der Baseler und der Züricher Reformation. Als er 1534 sein Herzogtum zurückeroberte, führte er es sofort der Reformation zu.

Ulrich von Hutten war von Optimismus und Lebenslust erfüllt. Sein literarisches und poetisches Schaffen fand Resonanz. 1517 war er vom Kaiser nach altem Brauch zum Dichter gekrönt worden. Er glaubte an eine positive, glückliche Zukunft. Die Mächte der Vergangenheit schienen zu schwinden. Dieses typisch humanistische Lebensgefühl spiegelte sich in einem Wort, das Hutten im Jahre 1518 in einem Brief an einen befreundeten Humanisten formulierte: „O Jahrhundert, o Wissenschaft! Es ist eine Lust, zu leben. Die Studien blühen, die Geister regen sich. Barbarei, nimm dir den Strick und mach dich auf Verbannung gefasst!“ Doch die Geschichte Deutschlands und seine persönliche Lebensgeschichte nahmen einen anderen Verlauf, als Hutten damals dachte.

Im Jahre 1519 gewann Hutten Interesse an Luther, nachdem er noch 1518 die Wittenberger Auseinandersetzungen als nicht Ernst zu nehmendes „Mönchsgezänk“ abgetan hatte. Auslöser war die Leipziger Disputation und Luthers Kritik am Papsttum. Die beiden wechselten Briefe. Hutten weilte damals noch immer in Mainz und hatte ein Hofamt beim Kurfürsten, bei Erzbischof Albrecht, Luthers Hauptgegner im Ablassstreit. Dort bekam er einen Brief des Erasmus an Albrecht in die Hand, in dem Erasmus Luther verteidigte. Hutten ließ ihn drucken. Im Mai 1520 nahm Hutten öffentlich Partei für Luther. Hutten war nicht der einzige Luther-Anhänger in der Umgebung des Mainzer Kurfürsten. 1520–1523 wirkte dort auch der Humanist Capito, der 1518 in Basel, wo er Münsterprediger und Professor gewesen war, die erste Sammelausgabe von Lutherschriften besorgt hatte.

An einem wichtigen Punkt hatte Hutten Einfluss auf Luther und die Reformationsgeschichte. Er vermittelte Luther die Kenntnis darüber, dass die auf einer alten Urkunde beruhende Behauptung der Päpste, Kaiser Konstantin der Große habe sie im 4. Jahrhundert höchstpersönlich mit der von ihnen in Anspruch genommenen Machtfülle ausgestattet, falsch und frei erfunden war. Die Urkunde, als „Konstantinische Schenkung“ bezeichnet, war nämlich, wie schon im 15. Jahrhundert der italienische Humanist Lorenzo Valla bewiesen hatte, eine Fälschung, entstanden im frühen Mittelalter. Hutten hatte Vallas Schrift in Italien gefunden und 1517 publiziert. Anfang 1520 hatte Luther Huttens Valla-Ausgabe mit Entsetzen gelesen. In ihm verstärkte sich der Verdacht, auf dem Papstthron sitze der Antichrist. Wenig später forderte Luther Kaiser, Könige und Fürsten dazu auf, gegen Rom mit Waffengewalt vorzugehen. Doch während Luther sich von Gewaltphantasien rasch wieder verabschiedete, wurden sie für Hutten konkret. Der Ritter besuchte Erasmus in den Niederlanden und unterbreitete ihm seine Pläne für einen Kampf gegen die römische Kirche und das Projekt eines deutschen Nationalstaates. Doch Erasmus winkte ab.

1520 wurde Hutten vom Mainzer Kurfürsten entlassen, und er suchte Zuflucht bei einem anderen Reichsritter und Anhänger der Reformation, bei dem Pfälzer Franz von Sickingen. Anfang September 1520 traf er auf dessen Ebernburg ein. Dort fand sich einige Monate später auch Bucer ein. An Luther erging 1520 ebenfalls zweimal ein Schutzangebot von Sickingens. Mit „Klagschriften" über Rom, gerichtet an die deutschen Fürsten, versuchte Hutten, der Sache der Reformation und dem Interesse Deutschlands zu dienen. Im September 1520 wandte er sich an Friedrich von Sachsen und forderte ihn zum Handeln auf. Für Rom war Hutten einer der gefährlichsten Luther-Anhänger. Deswegen widerfuhr ihm 1520/21 das gleiche Schicksal wie Luther. Die Bannbulle nannte seinen Namen neben dem Luthers sowie weiterer Luther-Anhänger. Von der Ebernburg aus wandte sich Hutten noch einmal an Erasmus und forderte ihn auf: „Flieh, Erasmus, flieh! Du hast als erster die Geister für die Freiheit wachgerüttelt." Auch an den Humanisten erging ein Angebot, bei von Sickingen Unterschlupf zu finden.

Hutten nahm sich vor, im Stile eines Raubritters gegen die alte Kirche und ihre Verbündeten zu kämpfen. Ermutigt fühlen konnte er sich durch Luthers 1520 erschienene Schrift „An den christlichen Adel deutscher Nation", die Adelsmänner wie Hutten dazu aufforderte, als Christen in Verantwortung für ihre Mitchristen die Veränderung der Kirche in die Hand zu nehmen. Seinen Standesgenossen und dem Volk rief er zu: „Erhebt euch, ihr Adligen, erhebt euch, ihr Bauern! Stürzt eure Herren!" 1522 beteiligte sich Hutten an der Trierer Fehde, einem Feldzug Franz von Sickingens gegen den Erzbischof von Trier, der dem Sturz der alten und dem Aufbau einer neuen Kirche im Sinne Luthers dienen sollte. Der „Pfaffenkrieg" endete mit einer Niederlage der Ritter, und Hutten musste das Weite suchen. Er ging nach Basel und nahm Kontakt mit Erasmus auf, doch dieser wies ihn auf geradezu zynische Weise ab. Es war Ende November, und man musste heizen. Erasmus ließ Hutten wissen, dass sich eine Begegnung schon deshalb nicht einrichten lasse, weil er, Erasmus, keine Wärme vertrage, aber Hutten ob seiner Krankheit – er litt seit seiner Jugend an Syphilis –

wärmebedürftig sei. Hutten ging in das nahe Mülhausen. Dort bekam seine frühere Freundschaft mit Erasmus einen zweiten Schlag, als er einen Brief desselben las, den dieser an einen gewissen Laurinus in Brügge gerichtet hatte und der in Huttens Ohren wie eine Kapitulation vor den „Papisten“ klang, weil Erasmus für Frieden und Eintracht plädierte und Luther vehement kritisierte. Völlig enttäuscht verfasste Hutten nun eine Streitschrift gegen den Gelehrten und rechnete mit ihm ab. Er warf ihm Abfall und Verrat vor. Der Text war zunächst nur handschriftlich in Umlauf. Erst nach Huttens Tod wurde die „Beschwerde“ (Expostulatio) gedruckt und veranlasste Erasmus zu einer Gegenschrift.

Nachdem es in Basel keine Bleibe gab, wandte sich Hutten nach Zürich. Zwingli wies ihn nicht ab, sondern vermittelte ihm einen Unterschlupf auf der Ufenau, einer Insel im Zürichsee. Dort lebte ein heilkundiger Pfarrer namens Johannes Klarer, der sich seelsorgerlich und medizinisch um den Syphilis-Kranken bemühte. Hutten starb einsam und mittellos am 29. August 1523. Sein Grab wurde 1958 wieder aufgefunden und ein Jahr später mit einem Gedenkstein versehen. Schon zuvor, im 19. Jahrhundert, hatte der deutsche Protestantismus den verfemten Außenseiter wiederentdeckt. Man schätzte ihn nun wegen seiner nationalen und freiheitlichen Ambitionen.

Der Kampf gegen die „Tyrannen“ blieb Huttens Anliegen bis zuletzt. Wenige Wochen vor seinem Tod verfasste er einen „Tractatus in tyrannos“, der aber nicht mehr gedruckt wurde und von dem sich nur ein Fragment erhalten hat.

Thomas Müntzer

Der bekannteste unter den Außenseitern der Reformation war und ist Thomas Müntzer (Münzer). Auch er war ein Humanist, auch er war ein Anhänger Luthers, auch er griff zur Gewalt. Doch anders als Hutten starb er keinen friedlichen, sondern wie Hubmaier, Zwingli und Servet einen gewaltsamen Tod.

Müntzer stammte aus Stolberg im Harz, wo er vermutlich am 20. oder 21. Dezember 1489 geboren wurde. Er besuchte die Lateinschule in Quedlinburg, danach die Universität Leipzig und zuletzt die Universität Frankfurt an der Oder. Er erwarb den Magisterabschluss, begann ein Theologiestudium und erlangte den ersten akademisch-theologischen Grad, den eines Baccalaureus biblicus. Ähnlich wie Zwingli führte der weitere Lebensweg den philosophisch und theologisch Interessierten zunächst in die Praxis. 1514 wurde er Priester der Diözese Halberstadt und betreute ein Frauenkloster, das Kanonissenstift Frose bei Aschersleben. Als Humanist verwendete er eine latinisierte Form seines Nachnamens: Monetarius

Im Herbst 1517 weilte Müntzer in Wittenberg und erlebte vor Ort die Bekanntmachung von Luthers Thesen. Bis 1519 blieb er in Wittenberg, setzte seine gelehrten Studien fort und lernte Luther und Melanchthon persönlich kennen. Der Wittenberger Goldschmied und Luther-Anhänger Christian Döring vermittelte ihm Anfang 1519 die Vertretung einer Pfarrstelle im nahe gelegenen Jüterbog, wo er im Sinne der Reformation zu predigen begann und sich gegen die Frömmigkeit und den Lebensstil der örtlichen Franziskaner wandte. Daraufhin wurde er von diesen im Mai 1519 als Anhänger der „Sekte des Doktor Martin“ (secta eiusdem doctoris, scil. D. Martini) beschimpft. Es war das erste Mal, dass für die Anhänger Luthers eine Parteibezeichnung gebraucht wurde. Auffallend an Müntzers Jüterboger Predigten ist eine starke, die Wittenberger im Ton und im Inhalt übertreffende Kirchenkritik. Er behauptete, das Evangelium sei seit 300 oder 400 Jahren gleichsam „unter der Bank“ gelegen, und griff die scholastischen Theologen Petrus Lombardus, Bonaventura und Thomas von Aquin an. Die amtierenden Bischöfe bezeichnete er als Tyrannen, die nur für sich selbst sorgten und nichts Nützliches täten. Vom Papst forderte er, alle fünf Jahre ein Konzil einzuberufen, und erklärte, ein Konzil könne auch gegen den Willen des Papstes zusammentreten. Der Papst sei das Haupt der Kirche nur solange es die Bischöfe zuließen. Bemerkenswert ist, dass Müntzer schon 1519 mit kommenden Martyrien rechnete. Er erklärte der Gemeinde von Jüterbog, es werde zahlreiche Menschenleben kosten, das Evangelium wieder hervorzuholen und die Verführung des Volkes durch die Kirche zu beenden. Nur wenige Monate lang blieb Müntzer in Jüterbog und zog dann über Wittenberg nach Orlamünde. Im Sommer 1519 besuchte er die Leipziger Disputation.

Vorübergehend betreute Müntzer noch einmal Nonnen, und zwar im Zisterzienserinnen-Kloster Beuditz bei Weißenfels. Er nutzte die Zeit, um sich intensiv mit christlich-mystischer Literatur und der Kirchengeschichte zu beschäftigen. Ferner studierte er wie viele Reformatoren intensiv den Kirchenvater Augustin. Im Jahre 1520 verschaffte ihm Luther noch einmal eine Anstellung, diesmal im Süden des Landes, in Zwickau. Müntzer versuchte auch dort im Sinne der Reformation zu wirken und bekämpfte erneut die Franziskaner. Er fand Anhänger, aber auch Gegner. Wegen seiner die Stadt spaltenden Wirkung, die sogar zu einem bewaffneten Aufstand der Tuchknappen führte, entließ ihn der Rat im April 1521. Trotz des Misserfolgs war Müntzers Selbstbewusstsein durch die Zwickauer Erfahrungen gewachsen. Seine Anhänger in Zwickau hatten ihn in biblischer Sprache (vgl. Jes 42,1) als einen „Gottesknecht" bezeichnet. Wenig später nannte er sich selbst einen „Knecht der Auserwählten Gottes".

Müntzer zog weiter nach Süden und gelangte nach Prag. Auch dort stieß er auf Widerstand und konnte sich nicht lange halten. Im Herbst 1521 verfasste er jedoch ein Schriftstück, das Grundzüge seiner Theologie sichtbar werden lässt und als sein „Prager Manifest" bezeichnet wird. In Müntzers Denken verbanden sich ein schroffer Antiklerikalismus mit tiefen mystischen Gedanken und einer intensiven endzeitlichen Erwartung. Den amtierenden Priestern bestritt er ihre Legitimation, weil sie die lebendige Stimme Gottes nicht vernommen hätten und somit auch nicht dafür sorgen könnten, dass die ihnen anvertrauten Menschen die Stimme Gottes hörten. Für Müntzer entsteht Glaube nur dann, wenn das Wort Gottes „im Abgrund der Seele" geboren wird, also sich im Innern des Menschen verankert. Das ist für Müntzer, wie für die mittelalterlichen Mystiker, ein qualvoller Prozess, bei dem sich der Mensch von kreatürlichen Abhängigkeiten und Gelüsten reinige. In einer gewissen Weise erinnert das an Luthers Glaubenskämpfe im Kloster. Im Prager Manifest zeigte Müntzer bereits ein ausgeprägtes prophetisches Sendungsbewusstsein und hielt sich für ein Werkzeug Gottes. Außerdem sah er in den das Reich bedrohenden Türken die Vollstrecker des göttlichen Gerichts an der verderbten Christenheit.

Im Dezember 1521 kam Müntzer aus Prag zurück und hielt sich in den turbulenten Winterwochen 1521/22 in Wittenberg auf, erlebte also dort die Unruhen mit, die Luther zum Abbruch seines Wartburgaufenthaltes veranlassten. Ende März 1522 schrieb Müntzer, vielleicht noch in Wittenberg, einen langen Brief an Melanchthon. Darin lobte er die Erfolge der Wittenberger Theologie im Kampf gegen Rom, vor allem das klare Votum gegen das Zölibat, kritisierte aber gleichzeitig die aus seiner Sicht „fleischliche" Eheauffassung der Wittenberger und warf ihnen vor, das lebendige, prophetische Wort Gottes nicht zu kennen. Dadurch werde die Heiligung verhindert. Ferner sei man bei der Reform des Gottesdienstes nicht konsequent gewesen und habe nicht zur ursprünglichen, apostolischen Form desselben zurückgefunden. Die in Wittenberg praktizierte Rücksichtnahme auf die Schwachen sei falsch, so Müntzer. Auch auf die Fürsten solle man keine Rücksicht nehmen. Das an den „Christenmenschen Philipp Melanchthon" (Christiano homini Philippo Melanchtoni) adressierte Schreiben unterzeichnete Müntzer als „Bote Christi" (nuntius Christi).

Nach einer unsteten Zeit mit Zwischenstationen in Nordhausen und Halle fand Müntzer 1523 noch einmal eine feste Stelle, und zwar als Pfarrer von Allstedt in Kursachsen. Natürlich wollte er auch hier die Reformation verwirklichen, und diesmal hatte er Erfolg. Die Bevölkerung stand mehr oder weniger geschlossen auf seiner Seite, und in Allstedt wurden praktische Reformen durchgeführt, wie sie gleichzeitig in Zürich, aber noch nicht in Wittenberg stattfanden. Müntzer modernisierte den Gottesdienst und verdeutschte die Liturgie. Er übersetzte bekannte lateinische Hymnen und machte den Gemeindegesang zum Bestandteil des Gottesdienstes. Luther ist ihm darin später gefolgt. Müntzer gründete einen Bund zur Verteidigung des neuen Glaubens, zu dem auch Ratsherren der Stadt gehörten. Ferner verfasste er in Allstedt zahlreiche Schriften, in denen er reformatorische Ideen und mystische Traditionen zu verbinden suchte und auf dieser Basis an Luther und dessen Zaghaftigkeit Kritik zu üben begann. Auch in seinem eigenen Leben traten Veränderungen ein. Müntzer heiratete die Adlige Ottilie von Gersen, eine ehemalige Nonne.

Zu einem erneuten Wendepunkt wurde die „Fürstenpredigt", die Müntzer am 13. Juli 1524 im Schloss von Allstedt in Gegenwart von Herzog Johann und dessen Sohn Johann Friedrich, den beiden späteren Regenten des Kurfürstentums, sowie weiteren hohen Herren hielt. Er präsentierte sich als neuer Daniel und versuchte, die Obrigkeiten für eine radikale Reformation in seinem Sinne zu gewinnen, zu der auch die Vernichtung der „Gottlosen" gehörte, und drohte ihnen andernfalls göttliche Strafen an. Luther jedoch beobachtete diese Entwicklungen mit zunehmender Sorge und warnte mit einem „Brief an die Fürsten zu Sachsen" vor dem „aufrührerischen Geist", wie er seinen früheren Freund und Mitreformator nun nannte. Luther sah in Müntzers Wirken einen erneuten Versuch des Satans, die Reformation zu vernichten. Sein Eingreifen zeigte Wirkung. Die Allstedter ließen Müntzer fallen. Er wurde am 7. August 1524 in Weimar verhört und ergriff anschließend die Flucht. Der Prophet ließ Allstedt im Stich und wandte sich westwärts, in die an der Unstrut gelegene Reichsstadt Mühlhausen.

In Mühlhausen hatte schon ein Jahr zuvor der ehemalige Mönch Heinrich Pfeiffer eine sozialrevolutionäre Bewegung initiiert. Müntzer schloss sich ihm an. Im September 1524 wurden elf „Mühlhäuser Artikel" vorgelegt, die die Umgestaltung der städtischen Verhältnisse einleiten sollten. Im Rat der Stadt sollten nur noch Gottesfürchtige sitzen und das Leben in der Stadt nach Gottes Gebot und Gerechtigkeit, gemäß der Bibel, geordnet werden. Doch die Gegner gewannen in der Stadt die Oberhand, und Müntzer und Pfeiffer mussten fliehen. Weitere Stationen Müntzers waren Nürnberg und Basel. In Waldshut traf er mit Hubmaier zusammen. Im Februar 1525 kehrte er nach Mühlhausen zurück, wo ihm nun eine Pfarrstelle angetragen wurde. Der alte Rat wurde abgesetzt und ein neuer gewählt, dem auch Müntzer angehörte. Die Stadt erhielt eine demokratisch-theokratische Verfassung.

Während seines Aufenthaltes in Süddeutschland verfasste Müntzer Schriften gegen Luther, „das geistlose, sanftlebende Fleisch zu Wittenberg", und bemühte sich um die „Entblößung" des von Luther gelehrten „falschen Glaubens". Aus Müntzers Sicht hatte Luther die Reformation verraten und unterschied sich in nichts mehr von der Papstkirche.

Das weitere Schicksal Müntzers stand in Verbindung mit dem Bauernkrieg. Im Jahre 1524 hatte in Südwestdeutschland ein Aufstand der Bauern begonnen, der sich 1525 auf viele Gebiete Deutschlands ausbreitete. Die Aufständischen sahen sich als Teil der Reformationsbewegung und griffen auf Luthers 1520 in der Adelsschrift entwickelte gesellschaftsverändernde Programmatik zurück und auf die damals ebenfalls von Luther aufgebrachte Freiheitsparole. Sie forderten die Aufhebung der Leibeigenschaft, die Wahl der Pfarrer durch die Gemeinden, evangelische Predigt und eine Neubestimmung des Zehnten. Programmatisch wurden die Forderungen, gemäß den Prinzipien der Reformation mit biblischen Begründungen versehen, im März 1525 in den „Zwölf Artikeln" zusammengefasst, die weite Verbreitung fanden.

Müntzer hatte bei seinem Aufenthalt in Süddeutschland 1524/25 Kontakte zu den Aufständischen, und als er wieder in Mühlhausen war, hatte die Bewegung auch das Eichsfeld erreicht. Müntzer sah nun nicht mehr in den Türken, sondern in den Bauern ein Werkzeug Gottes, eilte ihnen mit einer kleinen Schar Mühlhausener Bürger zu Hilfe und mischte sich ein. Sie führten eine Fahne mit einem Regenbogen als Zeichen für den Bund Gottes, in dem sie sich zu stehen wähnten, mit. Bei Frankenhausen machten die Bauern Müntzer zu ihrem Anführer. Mehrfach hat er im Feldlager gepredigt und eine plötzliche atmosphärische Erscheinung am Himmel in Regenbogenfarben, vermutlich einen Sonnenhalo, auf ihr Bundeszeichen bezogen und als Zusage göttlichen Beistands gedeutet. Melanchthon bemerkte in jenen Tagen: „Wenn Müntzer Erfolg hat, ist es um uns geschehen." Er warf dem Bauernführer, der sich nicht scheute, missliebige Anhänger hinzurichten, eine „mehr als skythische Grausamkeit" vor.

Es kam zur entscheidenden Schlacht. Truppen katholischer und evangelischer Fürsten – Sachsen und Hessen – bekämpften die Aufständischen gemeinsam. Luther höchst persönlich hatte zur Gewalt aufgerufen mit den drastischen Worten, nunmehr könnten sich die Fürsten ihre Seligkeit durch Blutvergießen verdienen. Zu diesem Blutvergießen kam es am 15. Mai 1525 am Kyffhäuser oberhalb von Frankenhausen. Die Bauern mit Müntzer, bescheiden bewaffnet und schlecht organisiert, aber auf Gottes Hilfe wartend, wurden von den Soldaten der Fürsten rasch geschlagen und anschließend erbarmungslos niedergemetzelt. 6000 Tote lagen auf dem Schlachtfeld. Müntzer gelang die Flucht, und er versteckte sich in Mühlhausen in einem Haus an der Stadtmauer unter einem Bett, wurde aber entdeckt, festgenommen, verhört und mit dem Schwert hingerichtet. Er starb am 27. Mai 1525 in Görmar bei Mühlhausen. Sein Leib und sein Kopf wurden aufgespießt und vor den Toren Mühlhausens, am Nordhang des Rieseninger Berges zur Schau gestellt. Heute befindet sich dort ein zu DDR-Zeiten errichtetes Denkmal. Luther sah das Geschehen ähnlich wie später den Tod Zwinglis als „Gericht Gottes" an und bezeichnete Müntzer noch einmal verächtlich als „mörderischen und blutgierigen Propheten".

Mehr noch als Hutten wurde Müntzer im evangelischen Lager verachtet, aber auch gefürchtet. Wie Hutten, so erlebte auch er eine Renaissance im 19. Jahrhundert und wurde zur Symbolfigur für die Befreiung des deutschen Volkes von feudaler Herrschaft. Besonders schätzte ihn 1949–1990 die DDR mit ihrer von marxistischen Kriterien geleiteten Geschichtsschreibung. Während sie Luther lange Zeit als „Fürstenknecht" verurteilte, lobte sie Müntzer als den eigentlichen, wahren Reformator. Auch auf dem Schlachtfeld von Frankenhausen steht heute ein Denkmal, das an Müntzer erinnert, und ein Museum, das Bauernkrieg und Reformation gemeinsam als Teil der frühbürgerlichen Revolution zu begreifen sucht. Der Maler Werner Tüpke hat das Bauernkriegs- und Reformationsgeschehen auf einer 1800 m² großen Leinwand in allen Facetten dargestellt. An zentraler Stelle steht die in Schwarz gehüllte Gestalt Thomas Müntzers, nachdenklich, fast ein wenig traurig zur Seite blickend, mit gesenkter Fahne. Der Maler hat in das Schlachtengetümmel integriert, was die Quellen von den letzten Tagen und Stunden Müntzers bezeugen. Der apokalyptische Prediger hat sein Schicksal und das der Bauern als göttliche Strafe begriffen für seine und ihre Sünden und als gerechtes Urteil Gottes anerkannt.

Frauen

Das 16. Jahrhundert war eine Männergesellschaft. Staat und Kirche, Kultur und Wirtschaft wurden von Männern beherrscht. Doch Änderungen bahnten sich an. Die Reformation veränderte das Leben von Frauen. Und Frauen leisteten Beiträge zur Reformation. Nur selten allerdings konnten sie als Regentinnen von Fürstentümern oder als Autorinnen von Reformationsschriften auf der Ebene agieren, auf der sich die Männer der Reformation betätigten. Eine größere Rolle spielten sie jedoch bei den Auseinandersetzungen vor Ort und an der Basis. Sie bezogen Partei und stimmten mit den Füßen ab, wenn sie beim Kirchgang bestimmte Prediger mieden und andere bevorzugten. In der häuslichen Kindererziehung setzten sie evangelische Prinzipien in die Praxis um und lehrten ihren Kindern, auf den gnädigen Gott zu vertrauen und ihn und nicht die Heiligen anzurufen. Bei den Auseinandersetzungen vor Ort griffen sie mitunter auch zu den Fäusten.

Abb. 5: Hass gegen die Alte Kirche:
Frauen misshandeln Kleriker

Eine Zeichnung aus der Frühzeit der Reformation zeigt in drastischer Weise, wie die Beteiligung von Frauen am Reformationsgeschehen aussehen konnte: Sie verprügeln und malträtieren Kleriker, verwenden dabei Gegenstände ihres Alltags, und die Kinder, die sie zu beaufsichtigen hatten, helfen mit Steinen nach (Abb. 5, S. 104). Die Reformation war keineswegs nur ein Wortgeschehen, wie schon bei Zwingli, Hutten und Müntzer zu sehen war. Häufiger als man denkt, kam es zu Gewalt. Dass Frauen bei solchen gewaltsamen Auseinandersetzungen eine führende Rolle spielten, ist beispielsweise aus Basel bezeugt.

Katharina von Bora

Ohne Gewalt, aber nichts desto trotz wirkungsvoll beteiligte sich Katharina von Bora am Reformationsgeschehen. Sie ist als Ehefrau Luthers die bekannteste Frau der Reformationszeit. Man tut ihr jedoch Unrecht, wenn man sie nur als die Ehefrau des Wittenberger Reformators betrachtet. Sie hat eine eigenständige Entwicklung zur Anhängerin der Reformation durchgemacht und hat zum Erfolg der Reformation beigetragen.

Katharina von Bora wurde am 29. Januar 1499 auf dem Adelsgut Lippendorf bei Leipzig geboren. Der Ort existiert heute nicht mehr, da er dem Braunkohlebergbau zum Opfer gefallen ist. Die Familie war arm, wie viele adelige Familien damals, und so war für Katharina, wie für viele adlige Töchter damals, der Weg ins Kloster bereits vorgezeichnet. Sie wurde den Augustiner-Chorfrauen zu Brehna zur Erziehung gegeben und wechselte später zu den Zisterzienserinnen von Marienthron in Nimbschen, wo sie 1515, als Luther mit der Gerechtigkeit Gottes rang, die Gelübde ablegte und für ihr ganzes weiteres Leben Armut, Keuschheit und Gehorsam versprach. Im Kloster war die adlige Tochter dauerhaft und gut versorgt und konnte sogar Bildung erwerben. Nonne zu sein, zumal bei den angesehenen Zisterzienserinnen, war eine privilegierte Form des Lebens, die nicht jeder Frau offen stand. Die großen alten Orden waren nur bereit, Menschen adliger Herkunft aufzunehmen.

Abb. 6: Polemik gegen die Klöster:
Teuflisches Nonnen-Leben – Göttliches Hausfrauen-Dasein

Die Reformation jedoch machte auch vor den Toren der abgeschiedenen Frauenklöster nicht halt. Luthers Schriften wurden von seinen Anhängern in die Klöster geschmuggelt und von den Nonnen gelesen, die anders als viele Frauen, die ein weltliches Leben führten, häufig lesen konnten. Anfang 1522 hatte Luther eine auf der Wartburg geschriebene, Aufsehen erregende Schrift gegen die Mönchsgelübde veröffentlicht, obwohl er selbst damals noch zu den Mönchen zählte. Luther kritisierte die lebenslängliche Bindung durch Gelübde und speziell das Keuschheitsversprechen, weil er meinte, dass es der – von Gott geschaffenen – menschlichen Natur nicht gemäß sei. Die Frauen seien nach Gottes Willen dazu da, Kinder zu kriegen. In anderen Schriften rief Luther sogar dazu auf, die Klöster zu verlassen, und er forderte die Umwandlung der Klöster in Schulen. Sein Buch „Vom ehelichen Leben" (1522), in dem er das Eheleben als die für die meisten Menschen, abgesehen von ganz wenigen Ausnahmen, richtige Lebensform darstellte, wurde sogar in einem ungewöhnlichen Klein-Oktav-Format gedruckt, geradezu ideal zum Einschmuggeln und Verstecken in Klöstern.

Diese Botschaft wurde nicht nur in Predigten und Schriften verbreitet, sondern auch durch Bilder. Ein Holzschnitt aus jener Zeit kontrastiert die beiden Alternativen, die es für Frauen gab (Abb. 6, S. 106). Vor einer städtischen Kulisse befindet sich eine Hausfrau, vor einer Klosterkirche eine Nonne. Die beiden stehen einander gegenüber. Auf dem Kopf der Nonne sitzt ein Teufelsdrachen, über der Hausfrau aber eine Taube als Symbol des Heiligen Geistes. Die Botschaft lautet: hier gottgefälliges Hausfrauen-Dasein, dort teuflisches Klosterleben. Ein Bauer überbringt der Nonne einen Brief. Sie grüßt ihn mit „Ave Maria" und macht eine Segensgeste. Der Brief, so erfährt der Leser des Textes, erklärt der Nonne die Verderblichkeit ihres Standes und fordert sie zum Verlassen des Klosters auf. Dieses Bild wurde 1524 in Nürnberg auf dem Titelblatt einer anonymen Flugschrift gedruckt.

Die neuen Gedanken gelangten auch nach Nimbschen. Ob Katharina von Bora schon immer im Kloster unglücklich war oder ob sie erst durch Luthers Impulse mit ihrem Leben unzufrieden wurde, ist nicht bekannt. Auf jeden Fall verbündeten sich zwölf Nonnen, darunter von Bora, und planten die Flucht. Sie wählten dafür die Osternacht des Jahres 1523. Angeblich schaffte sie ein Händler in der Nacht vom 5. auf den 6. April, angeblich versteckt in leeren Heringstonnen, unbemerkt aus dem Kloster hinaus. Das Ereignis erregte großes Aufsehen. Der Fluchthelfer hieß Leonhard Koppe. Er war Ratsherr in Torgau und ein Anhänger der Reformation.

Katharina von Bora hat sich nie über die Gründe ihrer Klosterflucht geäußert. Andere entflohene Nonnen haben zur Rechtfertigung ihres Schrittes Schriften abgefasst, darunter Florentina von Oberweimar und Ursula von Münsterberg. Florentina war 1524 aus dem Zisterzienserinnen-Kloster Neu-Helfta bei Eisleben geflohen und Ursula 1528 aus dem Kloster der Heiligen Maria Magdalena von der Buße in Freiberg/Sachsen. Ihre Rechtfertigungsschriften hat Luther in den Druck gegeben, und aus ihnen erfahren wir Details, die so oder ähnlich auch auf Katharina von Bora zutreffen könnten. Florentina kam als 6-Jährige in das Kloster. Bereits mit Vierzehn hatte sie Zweifel und legte gegen ihren Willen und ihre Überzeugung die Gelübde ab. Dann kamen ihr reformatorische Schriften in die Hände. Sie versucht mit Luther Kontakt aufzunehmen und wird deswegen von der Äbtissin mit einer vierwöchigen Haft in einem ungeheizten Gefängnis bestraft. Weitere Gefängnisstrafen, körperliche Züchtigungen und Redeverbote folgen. Als eine Wachperson vergisst, Florentina in ihre Zelle einzuschließen, gelingt ihr die Flucht. Ursula nennt in ihrer Schrift sieben Gründe, warum die Klosterflucht geboten sei. An erster Stelle argumentiert sie mit der evangelischen Rechtfertigungslehre und sagt, nur der Glaube, nicht aber die Werke führten zum Ewigen Leben. Das Klosterleben und die Gelübde führten in die Verdammnis. Im Kloster würden äußerliche Werke verlangt, die vielfach unter Zwang geschähen. Das Wort Gottes, das zum Glauben rufe, höre man dagegen nur selten. Ein weiterer wichtiger Punkt ist für Ursula das Gebot der Nächstenliebe. Sie sagt, im Kloster sei es unmöglich, die von einem Christenmenschen geforderte Nächstenliebe zu praktizieren. Auf dem Hintergrund der Erfahrungen und Argumente dieser beiden Frauen erscheint die Flucht aus dem Kloster nicht nur gerechtfertigt, sondern geradezu notwendig.

Die Flucht ebenso wie die Fluchthilfe waren strafbar und wurden von den weltlichen Obrigkeiten, sofern sie noch katholisch waren, geahndet. Katharina von Bora und ihre Mitschwestern mussten nach ihrer Flucht einen sicheren Ort aufsuchen, und die meisten wählten Wittenberg. Dort wurden sie in verschiedenen Haushalten untergebracht und so provisorisch versorgt. Was sollte mit „entlaufenen Nonnen" geschehen? Die Versorgung dieser Frauen war nicht unproblematisch, denn alleine in der Stadt konnte eine Frau eigentlich nicht leben. Entweder mussten die ehemaligen Nonnen zurück zu ihren Familien, wenn diese sie denn aufnehmen wollten, oder es musste ein Ehemann für sie gefunden werden. Häufig heirateten ehemalige Nonnen ehemalige Mönche oder ehemalige Priester. So war es bei Bucer und bei Müntzer.

Für Katharina von Bora wurde in Wittenberg ein Ehemann gesucht. Luther und Melanchthon waren daran beteiligt und hielten unter ihren Studenten Ausschau. Es bot sich ein junger Nürnberger an, Hieronymus Baumgartner, und der fand an dem Gedanken auch Gefallen, doch als er davon seinen Eltern berichtete, angesehenen Nürnberger Patriziern, war die Sache erledigt. Die Eltern Baumgartner wollten keine entlaufene Nonne als Schwiegertochter, denn das war für sie trotz ihrer evangelischen Gesinnung zu anrüchig. In Wittenberg wurde also weiter gesucht. Das Angebot eines älteren Pfarrers aus Orlamünde schlug Katharina von Bora aus. Die Blicke richteten sich schließlich auf Luther. Melanchthon war ja schon verheiratet; widerwillig hatte er sich Ende 1520 zum Eheschluss mit einer Wittenberger Bürgertochter drängen lassen. Unter den Freunden Luthers machte sich die Überzeugung breit, Luther sei doch inkonsequent, wenn er die Ehe predige und die Auflösung der Klöster fordere, aber selbst nicht heirate. Nach glaubwürdigen Berichten gab es auch von Seiten von Boras Signale, sie könne sich eine Ehe mit Luther vorstellen. Luther, der noch im Frühjahr 1525 überhaupt nicht an eine Heirat gedacht hatte, überlegte sich die Sache gut und beschloss am Ende, Katharina von Bora, die er eigentlich nicht besonders geschätzt und als hochnäsig angesehen hatte, zu ehelichen. Am 13. Juni 1525 fand der Eheschluss statt. In bescheidenem Rahmen wurde nach dem Kirchgang am 27. Juni gefeiert. Natürlich gab es auch Geschenke für das junge Paar. Kein Geringerer als Erzbischof Albrecht von Mainz ließ dem zölibatsbrüchigen Mönch und der gelübdebrüchigen Nonne zwanzig Gulden zukommen. Offenbar wollte er in Hoffnung auf Versöhnung die Verbindung zu Luther und seinen Anhängern nicht abreißen lassen. Angeblich hat Luther den Boten mit dem Geld schroff zurückgewiesen, seine Frau ihn jedoch auf der Treppe abgefangen und das Geld, das im armen Haushalt eines ehemaligen Bettelmönchs dringend gebraucht wurde, angenommen.

Katharina von Bora brachte sechs Kinder zur Welt und leitete den großen Haushalt im ehemaligen Kloster. Für wirtschaftliche und finanzielle Dinge war sie alleine zuständig. Sie wurde zum Idealbild und Muster einer evangelischen Pfarrfrau. Luther nannte sie respektvoll „Herr Käthe“ oder seine „Herrin“. Gleich im Juni 1525 langte sie kräftig zu und beseitigte den völlig verfaulten Strohsack, auf dem der Mönch immer geschlafen und den er nie gelüftet hatte. Im Kloster ließ sie Kammern ausbauen und vermietete sie an Studenten, um zu Geld zu kommen. Luthers Gehalt, das im September 1525 kräftig aufgestockt worden war, bestand nur zu einem Teil aus Bargeld. Der Rest war Brenn- und Bauholz sowie Brot- und Braugetreide. Für die Verarbeitung der Naturalien war die Ehefrau zuständig. Berühmt war das Bier, das Katharina von Bora braute. Die Hauswirtschaft wuchs und wuchs. Im Jahre 1542 besaß die Familie Luther acht junge Schweine, zwei Säue mit Ferkeln, fünf Kühe, neun Kälber, eine Ziege, zwei Zicklein und ferner Federvieh und Bienenvölker. Außerhalb der Stadtmauern hatte von Bora Gärten und Felder erworben, die intensiv bewirtschaftet wurden. Außerdem hatte sie 1540 von ihrem Bruder den aufgegebenen Familienbesitz in Zöllsdorf aufgekauft. Die Zuständigkeit für Wirtschaft und Finanzen brachte es mit sich, dass sie sogar die Drucklegung von Luthers Schriften überwachte.

Eigentliche Beiträge zur Wittenberger Reformation, außer dass sie ihrem Mann den Rücken frei gehalten hat, leistete von Bora nicht. Sie blieb immer im Hintergrund. Es gibt auch nur wenige Quellen, die Einblicke in ihr Alltagsleben und in ihre Gedankenwelt vermitteln. Erhalten blieben Briefe, Äußerungen in Tischreden und ihr Bild. 21 Briefe Luthers an seine Frau sind noch vorhanden, aber kein einziger Brief seiner Frau an ihn, obwohl sie ihm oftmals geschrieben hat, wenn er auf Reisen war. Um weitere Bildung scheint sich die ehemalige Nonne in Wittenberg nicht bemüht zu haben. Luther versuchte sie 1535 mit fünfzig Gulden zur regelmäßigen Bibellektüre anzuhalten. Gleichwohl behaupteten Feinde Luthers, er würde nach den Anweisungen seiner Frau predigen, was ihn sehr erboste.

Wenn Luther mit seinen Gästen zu Tische saß und erzählte und dozierte, mischte sie sich manchmal ein, stellte Fragen oder gab eigene Gedanken preis. Als Luther aus dem Hyperaspistes des Erasmus vorlas, stellte sie die rhetorische Frage: „Ist der teure Mann nicht zur Kröte geworden?“ Dabei spielte sie vielleicht sogar auf die von Erasmus im griechischen Titel des Buches versteckte „Schlange“ (lat.: aspis) – ihren Mann – an und forderte ihn indirekt dazu auf, die Kröte zu fressen. Die Quellen zeigen, dass Katharina von Bora über religiöse Fragen nachdachte und wohl auch etwas Latein konnte. Allerdings ließ sie ihr Ehemann nie lange reden, sondern fuhr ihr über den Mund und stellte alles richtig. Aber so war Luther nicht nur im Umgang mit seiner Frau, sondern auch im Umgang mit Studenten und Kollegen. Melanchthon hat nach Luthers Tod einmal geäußert, er habe an der Seite Luthers eine schier unerträgliche Knechtschaft durchlitten.

Nach dem Ableben ihres Ehemannes kamen für von Bora, obwohl sie Luther in seinem Testament zur Alleinerbin eingesetzt hatte, schlimme Zeiten. Die Kriegsereignisse verwüsteten die Ländereien, von denen die Familie lebte. Katharina von Bora verarmte, und man wollte ihr die Söhne wegnehmen und Vormündern zur Erziehung geben. Luther hatte sie zwar ausdrücklich zum Vormund seiner Söhne bestimmt, doch das widersprach dem geltenden Recht und wurde von den Juristen nicht akzeptiert. Melanchthon setzte sich für sie ein. Von anderen ehemaligen Freunden und Verehrern Luthers wurde sie jedoch ignoriert oder sogar missachtet. Mit Melanchthon erlebte sie die beiden Reformationskriege. 1552 floh sie mit ihren Kindern aus Wittenberg, wo eine Seuche ausgebrochen war. Sie wollte sich in Torgau in Sicherheit bringen. Unterwegs scheuten die Pferde, und die Kutsche drohte umzukippen. Von Bora sprang herab und verletzte sich dabei. Sie hat sich nicht mehr erholt. Am 20. Dezember 1552 verstarb sie in Torgau und wurde, fern von Luther, in der Torgauer Marienkirche bestattet. Dort steht noch heute ihre Grabplatte mit einem farbigen Ganzporträt der „Lutherin“, das sie in Witwentracht zeigt. In ihrem Torgauer Sterbehaus befindet sich eine Gedenkstätte mit Museum.

Katharina von Boras Kinder fanden ihren Weg, aber keines trat in die Fußstapfen des Vaters. Johannes Luther, geboren 1526, wurde Beamter beim Herzog von Preußen und starb 1575 in Königsberg. Martin Luther, der nach dem Vater benannte Sohn, geboren

1531, wurde wie dieser Theologe, wirkte aber nur als Privatgelehrter und starb 1565 in Wittenberg. Paul Luther, geboren 1533, wurde Mediziner und starb 1593 in Leipzig. Die einzige überlebende Tochter, die 1534 geborene Margarethe, heiratete einen Gutsbesitzer in Preußen und starb 1570. Das Wohnhaus der Familie Luther, das ehemalige Kloster der Augustiner-Eremiten, wurde 1565 von den Erben verkauft und fortan für universitäre Zwecke genutzt. Nur der engere Wohntrakt der Familie blieb mehr oder weniger im Originalzustand erhalten und diente als Gedenkstätte. 1883 wurde in dem Gebäude, nun „Lutherhalle“ genannt, ein reformationsgeschichtliches Museum eröffnet. Seit 2003, als das Gebäude von Grund auf saniert wurde, spricht man vom „Lutherhaus“. Vor ihm steht seit wenigen Jahren eine lebensgroße Skulptur der „Doktorin“, die eilenden Schrittes auf ihr Domizil zugeht. Nachdem sie immer im Schatten ihres Mannes gestanden hatte, wurde 1999, anlässlich ihres 500. Geburtstages, erstmals ein Katharina-von-Bora-Jubiläum groß gefeiert.

Katharina Zell

Katharina von Bora war eine Reformatorenfrau, aber keine Reformatorin. Die einzige Frau der Reformationszeit, die man als Reformatorin bezeichnen könnte, war die Straßburgerin Katharina Zell. Auf jeden Fall war sie eine Laientheologin der Reformationszeit, da sie anders als Katharina von Bora Beiträge zur Theologie der Reformation geleistet hat. Viele Gründe sprechen dafür, sie als die bedeutendste Frau der Reformation anzusehen.

Katharina Zell wurde 1497 oder 1498 als Katharina Schütz geboren. Sie war die Tochter eines Handwerkers und konnte in Straßburg eine Schule besuchen, was damals für Frauen nicht überall möglich war und von den meisten Eltern auch nicht gewollt wurde. Bildungsmöglichkeiten für Frauen gab es ansonsten nur in Klöstern.

In Straßburg empfing Katharina Schütz schon als junges Mädchen eine intensive religiöse Prägung. Sie hörte die Predigten von Johannes Geiler von Kaysersberg, einem der berühmtesten

Prediger der Zeit, der sich sehr für die Erneuerung der Kirche einsetzte. Im Rückblick auf ihr Leben berichtete sie später allerdings von „Anfechtungen um des Himmelsreichs willen", die sie als junge Frau erlitten habe. Trotz frommer Werke, Sakramente und asketischer Übungen habe sie keinen Trost und keine Ruhe empfunden, denn sie sei sich „der Liebe und Gnade Gottes" nicht sicher gewesen und „an Seele und Leib bis auf den Tod krank und schwach" geworden. Diese Anfechtungen erinnern an die Luthers im Erfurter und im Wittenberger Kloster. Luthers Ängste waren also durchaus die Ängste der Zeit. Sie machten Katharina Schütz für die reformatorische Botschaft von der freien Gnade Gottes empfänglich.

1521 begann in Straßburg der Leutpriester Matthäus Zell, der wie Geiler aus Kaysersberg stammte und seit 1518 in Straßburg amtierte, evangelisch zu predigen. Katharina Schütz gehörte sogleich zu seinen Anhängern, und wenig später, 1523, hat sie den zwanzig Jahre älteren Mann geheiratet. Bucer hat die beiden gesegnet. Anders als von Bora beschränkte sich Katharina Zell aber nicht darauf, für einen Reformator den Haushalt zu führen und ihm den Rücken frei zu halten. Sie engagierte sich weiter, und zwar öffentlich und in zunehmendem Maß für die Reformation. Wie außergewöhnlich dieses Verhalten war, zeigt sich daran, dass in evangelischen Kreisen die spitze Bemerkung die Runde machte, Matthäus Zell werde „von seiner Frau beherrscht". Diese Äußerung findet sich bei Bucer im Jahre 1533.

Schon in die ersten reformatorischen Auseinandersetzungen in Straßburg griff Katharina Zell aktiv ein und schrieb an den altgläubigen Bischof scharfe Briefe, die sich in den Archiven aber nicht erhalten haben. Der Bischof dürfte die ungebetenen Briefe einer Frau sogleich verbrannt haben, wenn er sie überhaupt zu Gesicht bekam. Erhalten haben sich aber im Druck erschienene Schriften Zells, mindestens fünf kleinere und größere Bücher. Zwei ihrer Schriften erschienen im Jahre 1524. Die 27-jährige Frau verteidigte den Zölibatsbruch ihres Mannes und schrieb einen Trostbrief für die evangelisch gesinnten Frauen der Breisgaustadt Kenzingen, deren Männer aus ihrer Heimat verbannt worden und ins Exil nach Straßburg gegangen waren. Später gab sie ein Gesangbuch mit Liedern der Böhmischen Brüder heraus, veröffentlichte eigene Psalmen-Auslegungen und eine Vaterunser-Interpretation und zuletzt eine anspruchsvolle theologische Streitschrift, in der es um den rechten Umgang mit Täufern, Zwingli-Anhängern und mit dem Spiritualisten Kaspar Schwenckfeld von Ossig geht.

Zells Schriften fanden in ihrer Zeit nur wenig Widerhall. Die meisten erlebten nur eine einzige Auflage. Das hing damit zusammen, dass sie nicht wie andere Flugschriftenautorinnen der Reformationszeit, allen voran die in Bayern wirkende Argula von Grumbach, nur die Altgläubigen angriff, sondern auch Dinge sagte, die den Reformatoren nicht angenehm waren. Sie vertrat eigene, radikale Gedanken, insbesondere plädierte sie für Toleranz unter den verschiedenen Flügeln der Reformation. Und damit geriet sie bei den Lutheranern in den Verdacht, selbst eine Anhängerin von „Irrlehren" zu sein. Zell kannte die Toleranzschrift Castellios in der um 1555 erschienenen deutschen Übersetzung und zitierte sie in ihrem letzten gedruckten Werk.

Unerträglich fand es Zell, in den 50er Jahren von jungen Straßburger Predigern zu hören, besser sei es „päpstlich" zu sein als „täuferisch". Ohne selbst eine Anhängerin der Taufbewegung zu sein, nahm sie die „armen Taufbrüder" in Schutz und wehrte ihrer Ausgrenzung. Aus ihrer Sicht sollte die Taufe „frei" sein hinsichtlich der Zeit und des Alters. Der sakramentalen Handlung dürfe kein zu großes Gewicht beigemessen werden. Wer den Menschen Angst mache vor dem Schicksal ungetauft verstorbener Kinder, mache aus der Taufe ein „Affenspiel". Die Feindschaft, die zwischen Evangelischen und Evangelischen aufgekommen war, empfand Zell als unerträglich. Zwingli war für sie ein ebenso „frommer Lehrer und Prediger" wie Luther. In Zell lebte bis zu ihrem Tod der Geist der frühen Reformation. Sie widersetzte sich neuen Zeremonien, die in den Kirchen eingeführt wurden, und beschwor die Gefahr eines neuen Papsttums.

Dass Frauen wie Katharina Zell und schon vor ihr Argula von Grumbach und nach ihr Ursula Weida und Margareta von Treskow zur Feder griffen und sich mit Flugschriften an den Reformationskämpfen beteiligten, lag in Luthers Lehre vom allgemeinen

Priestertum begründet, mit der er auch un- und wenig gebildeten Menschen Mut gemacht hatte, eigenständig religiöse Positionen zu formulieren. Um die Bibel lesen, verstehen und auslegen zu können, brauchte man nach Luthers Ansicht nicht Theologie studiert zu haben oder Priester zu sein. Die Taufe, so Luther, mache alle Christen zu Priestern und fähig, die Heilige Schrift zu verstehen. Auch das reformatorische Schriftprinzip verhalf dem öffentlichen Engagement Zells und der anderen genannten Frauen zu einer Grundlage. Aus Luthers Position, nur die Heilige Schrift dürfe der kirchlichen Lehre zur Grundlage dienen, ergab sich im Umkehrschluss, dass die Schrift ausreiche, um theologische Positionen zu begründen. Es bedurfte keiner darüber hinausgehenden Belesenheit.

Ihr Wissen bezog Katharina Zell aus Gesprächen mit ihrem Mann und mit anderen Theologen, aus ihrer regelmäßigen Teilnahme an Predigtgottesdiensten und aus fleißiger Bibellektüre. Ferner besaß und las sie reformatorische Schriften. Sie versah sie sogar mit Randbemerkungen. Nachweislich kannte sie Werke von Luther und von Melanchthon, von Bucer und von Osiander.

Neben der Lehre vom allgemeinen Priestertum, die Luther u. a. in seiner weit verbreiteten und auch von diesen Frauen gelesenen Adelsschrift formuliert hatte, ermutigte auch Luthers Auftreten in Worms dazu, selbstbewusst Partei zu ergreifen. Berichte vom Wormser Auftritt Luthers und darauf bezogene Bilder (s. Abb. 2, S. 34) wurden überall verbreitet. Argula von Grumbach forderte 1523 die Professoren von Ingolstadt, zu denen auch Eck gehörte, dazu auf, ihr in einer Disputation Rede und Antwort zu stehen. Dieses Gespräch kam natürlich nie zustande, aber ein Künstler hat die von Argula von Grumbach angestrebte öffentliche Auseinandersetzung in einem fiktiven Bild dargestellt, das als Titelblatt ihrer wichtigsten Flugschrift mehrfach gedruckt wurde (Abb. 7, S. 116). Es zeigt, wie von Grumbach den Theologen gegenüber steht, mit der Bibel in der Hand, aus der Heiligen Schrift argumentierend. Die Darstellung ist beinahe identisch mit den Bildern, die von Luthers Auftreten in Worms verbreitet wurden, und demonstriert so den Zusammenhang zwischen den beiden Ereignissen.

Abb. 7: Argula von Grumbach disputiert mit Professoren der Universität Ingolstadt

Vereinzelt findet sich bei Katharina Zell bereits so etwas wie – modern gesprochen – feministische Theologie. Sie las die Bibel aus der Perspektive einer Frau und achtete in der Bibel auf das Auftreten und die Rolle von Frauen. Im Rahmen einer 1558 veröffentlichten Vaterunser-Auslegung setzte sie sich mit der Vater-Anrede Gottes auseinander. Zunächst hob sie hervor, dass Gott „Vater" genannt und nicht als „Herr" oder „Richter" bezeichnet werde. Sie hält es für erwägenswert, auch „Großvater" zu ihm zu sagen, wegen der den Gläubigen durch den Sohn, Jesus Christus, geschenkten Kindschaft. Ferner, so Zell, könne Gott mit einer Mutter verglichen werden, welche die Schmerzen der Geburt und die Freude, ein Kind zu stillen, kenne. Bei der Auslegung der Bitte, nicht in Versuchung geführt zu werden, erinnerte sie an Gottes Vergebung für Maria Magdalena. Wenn es um die Verteidigung ihres öffentlichen Auftretens ging, rechtfertigte sie sich mit der Geschichte von Zacharias und Elisabeth (Lk 1). Wenn die Männer, warum auch immer, schwiegen, müssten die „Weiber“ reden. Bei ihrer Beerdigungsansprache am Sarg ihres Mannes rechtfertigte sie sich mit dem Beispiel der Mutter Jesu, die „ihrem Liebgehabten“ nachgefolgt sei bis zu Kreuz und Grab, und mit der „Apostlin“ Maria Magdalena, die von der Auferstehung Jesu Christi von den Toten Zeugnis abgegeben habe. Ferner berief sie sich auf Judith im apokryphen Judithbuch und auf Abigajil im 1. Samuelbuch, die sich bei König David für ihren Mann Nabal einsetzte.

Besonders eindrucksvoll sind die mehrfach von Zell verfassten Auslegungen des Vaterunsers. Sie geht dabei den Weg einer stark spirituellen Interpretation. Die Heiligung des Gottesnamens geschieht aus ihrer Sicht durch Erkenntnis und Lob. Das Kommen des göttlichen Reiches erfolge im Herzen der Menschen. Der göttliche Wille geschehe, indem der Mensch „mit Christus am Ölberg“, also mit dem leidenden Christus, gleichförmig werde. Bei der Bitte um das tägliche Brot gehe es um Trost, Friede und Freude für die verzagten Gewissen und um das „lebendige Brot“, nämlich Christus selbst. Mit ihren Vaterunserauslegungen leistete Zell einen Beitrag zur katechetischen Literatur der Reformationszeit.

Zell betätigte sich nicht nur schriftstellerisch, sondern entfaltete auch breite soziale Aktivitäten. Sie engagierte sich in Straßburg für Bildungseinrichtungen und für ein Armenhaus, sie besuchte Gefangene und Trauernde und versorgte Flüchtlinge. Im Jahre 1557 engagierte sie sich in Straßburg für Reformmaßnahmen im „Blatternhaus“, einer wichtigen Wohlfahrtseinrichtung für Arme und Kranke, und verfasste hierzu Eingaben. Das karitative Handeln begründet sie, wie Luther, mit dem Fünften Gebot: Wer den Armen nicht helfe, werde von Gott wie ein Mörder angesehen. Zell genügte es jedoch nicht, dass die Armen und Kranken am Körper gepflegt werden, sondern die Sorge für die Seele war ihr genauso wichtig. Sie forderte, dass jeden Morgen einer der Straßburger Pfarrer in das Haus gehe, das Evangelium vorlese und mit den Menschen bete. Das Blatternhaus sei eine „Kirche Christi“. Da es bislang in dem Haus keine Seelsorge gab, besuchte sie selbst die Menschen und betreute sie geistlich.

Auf Reisen pflegte Zell Kontakt zu führenden Köpfen der Reformation. Sie kannte Luther und Zwingli persönlich. 1538 besuchte sie Luther und Melanchthon, gemeinsam mit ihrem Mann, in Wittenberg. Noch dreißig Jahre später war ihr in Erinnerung, was Luther damals sagte: Hütet, hütet euch, dass ihr nimmermehr wieder hereinlasst, was abgetan ist und keine Grundlage in der Heiligen Schrift hat. 1529 hatte sie Zwingli auf dem Weg zum Marburger Religionsgespräch vierzehn Tage lang beherbergt. Bucer gab sie 1549 für einige Tage Unterschlupf, bevor er Straßburg für immer verließ. Nach dem Tod ihres Mannes im Jahre 1548 zog sie sich nicht zurück, sondern steigerte noch ihr Engagement. Dreimal hat sie sogar gepredigt, zwar nicht im Münster, aber bei Trauergottesdiensten auf dem Friedhof: einmal bei der Beerdigung ihres Mannes und zweimal 1562, als die evangelischen Straßburger Pfarrer verstorbenen Täuferfrauen eine christliche Bestattung verweigerten.

Eine Voraussetzung dieses großartigen Engagements darf freilich nicht übersehen werden: Das Ehepaar Zell war kinderlos. Zwei Kinder hatte Katharina Zell zwar geboren, doch beide waren bereits früh verstorben, sodass sie sich nicht in gleicher Weise wie Katharina von Bora um ihre Familie kümmern musste. In ihrer unfreiwilligen Kinderlosigkeit sah sich Zell mit der „traurigen Hanna", der Mutter Samuels, verbunden, und sie berichtete, dass sie wie diese vor Gott ein Gelübde abgelegt habe. In ihrer Hoffnung, von Gott doch noch durch das Geschenk eines Kindes erfreut zu werden, verglich sie sich mit Sara und Rebekka.

Die Straßburger Pfarrfrau und Laientheologin reflektierte häufig über ihre Rolle als Frau in Kirche und Gesellschaft. Kurz vor ihrem Lebensende bezeichnete sie sich selbst im Rückblick auf ihr langes Leben mehrfach als eine „Kirchenmutter". Sie wollte sich damit nicht an die Seite der altkirchlichen Kirchenväter, zum Beispiel an die Seite Augustins, stellen, sondern sie wollte mit diesem Wort ausdrücken, dass sie sich um die Straßburger Christengemeinde gekümmert und für diese Gemeinde gelebt habe wie eine Mutter für ihre Kinder.

Katharina Zell starb am 5. September 1562 und wurde unter großer Anteilnahme der Bevölkerung bestattet. Nach ihrem Tod geriet sie allerdings rasch in Vergessenheit. Im 17. Jahrhundert war der radikale Pietist Gottfried Arnold einer der wenigen, die ihrer gedachten. In seiner 1699 erschienenen „Unparteiischen Kirchen- und Ketzerhistorie" würdigte er sie als ein Werkzeug Gottes. Wiederentdeckt wurde Zell erst von der jüngeren, an Frauengeschichte interessierten Geschichtsforschung. Bahnbrechend wirkte 1971 der amerikanische Theologieprofessor Roland Bainton mit seinem Buch „Women of the Reformation", das 1995 in deutscher Übersetzung erschien. Seither ist das Interesse an Katharina Zell, der Straßburger Laientheologin und Reformatorenfrau, nicht mehr abgeklungen.

Caritas Pirckheimer

Nicht nur unter den Befürwortern der Reformation fanden sich engagierte Frauen, sondern auch unter den Gegnern. Die Klarissin und Klosterhumanistin Caritas Pirckheimer (Pirkheimer) war sicherlich die profilierteste Frau unter den Gegnerinnen und mit dem reformatorischen Gedankengut bestens vertraut.

Caritas Pirckheimer war eine Schwester von Willibald Pirckheimer. Dieser gehörte zu den Bekannteren unter den Humanisten und war von Hause aus wie Reuchlin Jurist, trat aber auch als Übersetzer antiker Autoren hervor. Mit Melanchthon war er gut befreundet. Er war in die Reuchlinistenfehde verwickelt und unterstützte schon früh die Reformation. 1518 gab es eine Begegnung mit Luther. Johannes Eck, den er noch 1517 neben Luther zu den modernen Theologen gerechnet hatte, verspottete er wegen dessen Gegnerschaft zu Luther 1520 in einer Satire mit dem provozierenden Titel „Der enteckte Eck" (Eckius dedolatus). Vor allem das wird der Grund dafür gewesen sein, dass ihm Eck im Herbst 1520 kurzerhand mit Luther den Bann androhte, wie schon erwähnt wurde, und er auch in der Originalfassung der Bannbulle (nicht aber in der Druckausgabe) als Mit-Ketzer vorkommt. Doch wie Erasmus zog sich Pirckheimer aus der Öffentlichkeit zurück und distanzierte sich mehr und mehr von der Reformation, deren Gewalttätigkeiten er verurteilte. Ein wesentlicher Grund für seine Wandlung waren die Kämpfe, in die seine Schwester verwickelt wurde.

Caritas Pirckheimer wurde als Barbara Pirckheimer am 21. März 1467 in Eichstätt geboren. Sie entstammte mit ihrem Bruder einer angesehenen und wohlhabenden Nürnberger Patrizierfamilie, die eines der größten europäischen Handelshäuser besaß. Im Jahre 1479 kam sie wie Katharina von Bora zunächst zur Erziehung ins Kloster. Vermutlich 1483 legte sie ihre Gelübde ab und band sich dauerhaft. Als Ordensnamen nahm sie den Vornamen Caritas an, der für Klarissinnen zugleich Programm war: Liebe. Anders als Katharina von Bora wurde ihr das klösterliche Leben nie zum Problem.

Das schon im 14. Jahrhundert gegründete Klarakloster stand in der Tradition des Franz von Assisi. Klara von Assisi, auf die der Klarissenorden zurückgeht, war die erste Frau unter der Gefolgschaft des Franziskus, die 1215/16 dem von ihm eingeschlagenen neuen Leben nach apostolischem Vorbild folgen wollte. Franz gründete für sie ein Kloster, und Klara selbst gab ihm eine Ordnung und schrieb eine Regel, die 1253 vom Papst gebilligt wurde. Der Nürnberger Klarissinnenkonvent, zu dem rund sechzig Schwestern zählten, führte ein vorbildliches geistliches Leben. Pirckheimer wurde im Jahre 1503 zur Äbtissin gewählt. Sie war eine gebildete Frau, die sogar der lateinischen Sprache mächtig war. Sie besaß eine beachtliche Bibliothek und stand mit humanistischen Gelehrten in Briefkontakt. Dem großen Erasmus, dessen Bücher sie las, ließ sie über ihren Bruder Grüße bestellen. Ihm selbst zu schreiben, scheute sich die zur Demut verpflichtete Klarissin.

Die Reformation veränderte jedoch das kontemplative, der Andacht und der Bildung zugewandte Leben hinter den Klostermauern. Zunächst wurde Pirckheimer gegen ihren Willen, aber nicht ohne ihr Zutun zu einer anti-reformatorischen Flugschriftenautorin. 1522 schrieb sie nämlich einen Brief an den altgläubigen Theologen Hieronymus Emser, einen ganz besonderen Feind Luthers, in dem sie sich kritisch über die Reformation äußerte und dem Adressaten Mut machte für seinen Kampf gegen die „Ketzerei". Anhängern der Reformation kam der Text jedoch in die Hände, und der Brief „an den hoch berühmten Bock Emser" wurde im Jahr darauf, versehen mit bissigen Randbemerkungen, gedruckt. Das sollte dem Ansehen Pirckheimers und ihres Konvents schaden und hat dieses Ziel auch erreicht. Problematischer aber sollten für Pirckheimer und ihren Konvent die Entwicklungen in Nürnberg selbst werden.

Die Reichsstadt Nürnberg, die sich 1522 der Reformation zugewandt hatte, wollte Luthers Ideen in die Tat umsetzen und begann im Jahre 1524, als Luther selbst streng genommen noch als Mönch lebte, mit der Auflösung der Klöster. Das funktionierte vielfach, besonders bei den Männerklöstern ohne Probleme, doch die Klarissinnen widersetzten sich einmütig und hartnäckig und wollten auch in der evangelischen Stadt ihr klösterliches Leben fortführen. Die evangelische Obrigkeit und die Reformatoren Nürnbergs wollten das nicht dulden. Den Schwestern wurden ihre franziskanischen Beichtväter entzogen, und sie wurden gezwungen, evangelischen Predigern zuzuhören, die sie in ihren Predigten heftig beschimpften. Wenn sich die Schwestern zum Stundengebet im Chor ihrer Kirche versammelten, warfen evangelische Nürnberger Steine über den Lettner, der wie damals in Klosterkirchen üblich in der Form einer Mauer den Kirchen- von dem Chorraum trennte, und störten so die Nonnen in der Andacht oder verletzten sie sogar körperlich. Evangelische Eltern, die ihren früheren Entschluss, die Tochter ins Kloster zu geben, bereuten, stürmten das Kloster und entführten ihre Tochter mit Gewalt. Jämmerliche Szenen spielten sich ab. Geplant war vom Rat der Stadt, die Nonnen zu zwingen, weltliche Kleider zu tragen und aus ihren Redefenstern, die den strengen Ordnungen der Klarissinnen gemäß keinen Blickkontakt erlaubten, Gesichtsfenster zu machen. Pirckheimer verteidigte ihren Konvent mit allen Kräften, schrieb Briefe und machte Eingaben. Dabei berief sie sich – wie Luther in Worms – auf ihr Gewissen und erinnerte die Evangelischen an die tolerante Haltung der Türken, die Andersgläubige unter ihrer Religion duldeten. Stundenlang sprach sie auch mit dem Nürnberger Reformator Andreas Osiander, der das gewaltsame Vorgehen jedoch richtig fand.

Andreas Osiander, der wichtigste unter den Reformatoren Nürnbergs, stammte aus Gunzenhausen, hatte bei Eck in Ingolstadt studiert und war wie Eck und Pirckheimer humanistisch geprägt. Er wurde zum Priester geweiht und trat 1520 in Nürnberg die Stelle eines Hebräischlehres an. Er wurde mit Luthers Lehre bekannt und trat von 1522 an offen für Luther ein. Bei der Nürnberger Klosterreformation war er die treibende Kraft. Er rechtfertigte die Nonnenentführungen durch die Eltern mit dem 4. Gebot und empfahl dem Rat der Stadt 1525 in einem Gutachten, Pirckheimer aus der Stadt zu deportieren. Er bezeichnete sie als einen „Gottesverfolger". Vermutlich war er auch dafür verantwortlich, dass 1522/23 Pirckheimers Emser-Brief abgefangen und gedruckt wurde.

In ihrer Not wandte sich Pirckheimer an ihren Bruder, und dieser schrieb im Frühjahr 1525 einen Brief an seinen Freund Melanchthon, schilderte ihm in herzergreifenden Worten die Situation und bat ihn zu intervenieren. Willibald Pirckheimer gab dabei zu erkennen, dass er selbst das Klosterleben ebenfalls kritisch sehe und den Lebensweg seiner beiden Töchter, die auch Nonnen geworden waren, inzwischen für falsch halte. Doch das rechtfertigte in seinen Augen keine Gewalt.

Melanchthon trat im Herbst 1525 eine Reise nach Nürnberg an, allerdings nicht wegen des Streits um das Klarakloster, sondern wegen einer anstehenden Schulgründung. Doch Caritas Pirckheimer nutzte die Chance und gewann ein Ratsmitglied, Kaspar Nützel, für die Idee, Melanchthon zu einem Besuch im Kloster zu bewegen. Das Vorhaben gelang.

Um den 18. November 1525 besuchte Melanchthon das Klarakloster und sprach unter vier Augen mit der Äbtissin. Zunächst meinte er, ihr die Anliegen der Reformation deutlich machen zu müssen, doch Pirckheimer zeigte ihm, dass sie diese Anliegen sehr wohl kannte. Dem – von ihr erwarteten – Vorwurf der Werkgerechtigkeit begegnete sie, indem sie betonte, sie und ihre Mitschwestern setzten ihre Hoffnungen nicht, wie die Reformatoren hartnäckig behaupteten, auf eigene Werke, sondern auf die Gnade Gottes. Melanchthon räumte ein, dass man im Kloster ebenso selig werden könne wie in der Welt, sofern man die Gelübde nicht als verdienstlich erachte. In der Frage der Gültigkeit der Gelübde waren sich die beiden jedoch nicht einig. Melanchthon meinte mit Luther, dass Gelübde nicht ewig bindend seien, während Pirckheimer der Ansicht war, dass man Gott gegebene Versprechen halten müsse. Trotz dieses Dissenses schieden die beiden in Freundschaft.

Nach dem Gespräch setzte sich Melanchthon beim Rat der Stadt für die Klarissinnen ein. Er verurteilte den Entzug der Beichtväter sowie die Entführungen von Nonnen und sprach sich sehr deutlich gegen Gewaltmaßnahmen aus. In der Folge ließen die Nürnberger die Klarissinnen in Frieden. Nur eine Schwester hat im Jahre 1528 das Kloster freiwillig verlassen. Alle anderen blieben bis zu ihrem Tod. Allerdings durften keine neuen Nonnen mehr aufgenommen werden. Außerdem blieb den Klarissinnen weiterhin jede geistliche Betreuung durch altgläubige Priester verwehrt, sie konnten also nicht mehr die Beichte ablegen und mussten auf die Feier der Eucharistie und die Letzte Ölung verzichten. Wegen ihrer ausgeprägten Sakramentsfrömmigkeit litten die Frauen unter dieser Situation ganz besonders. Gegenüber Abgesandten des Rats beklagte Pirckheimer 1527 den Zustand mit den Worten: Wir müssen sterben wie das Vieh. Bei der Feier des 25-jährigen Äbtissinnenjubiläums der Caritas Pirckheimer im April 1529 betrachteten die Nonnen das geweihte Brot und trösteten sich mit einer Überlegung, die auch Luther in der Frühphase der Reformation gebraucht hatte, um sich und seinen Anhängern über die Kelchverweigerung beim Abendmahl hinwegzuhelfen, mit dem von Augustin stammenden Gedanken eines geistlichen, im Glauben empfangenen Genusses des Sakraments: Glaube, so hast du gespeist (Crede et manducasti). Nachdem 1596 die letzte Nonne verschieden war, wurde das Kloster abgerissen. Erhalten geblieben ist nur die Klosterkirche. Pirckheimer war bereits am 19. August 1532 gestorben und in der Klosterkirche bestattet worden. Ihr Grab wurde 1959 wieder aufgefunden. Heute erinnert ein nach ihr benanntes katholisches Bildungszentrum auf dem Gelände des Klosters an ihr Wirken in der evangelischen Reichsstadt.

Pirckheimer hat sich nach dem Zusammentreffen mit Melanchthon mehrfach positiv über die Begegnung und seine Person geäußert und den Wunsch ausgedrückt, dass doch alle Evangelischen so wären wie er. Doch sie waren anders. Die Auflösung der Klöster schritt voran, überall wo die Reformation Fuß gefasst hatte. Auch andernorts widersetzten sich am ehesten die Nonnen.

Häufig wurden Klöster tatsächlich in Schulen umfunktioniert. Zu einem reformatorisch gewandelten Weiterbestehen von Klöstern kam es nur ganz vereinzelt. Vor allem im Gebiet des heutigen Niedersachsen gab es nach der Reformation so genannte Evangelische Damenstifte, in denen adlige Töchter auf evangelische Weise ein klösterliches Leben führten. Allerdings waren diese Einrichtungen letztlich Versorgungsstätten für überzählige Adelstöchter, und sie hatten keinerlei kirchliche Relevanz. Auch das geistliche Leben in den Gemeinschaften scheint nicht besonders intensiv gewesen zu sein. Einige dieser Damenstifte bestehen bis heute und bemühen sich mitunter sogar, wie das Stift Börstel im Norden von Osnabrück, um ein neues klösterliches Leben in evangelischem Geist.

Zu klösterlichen Neuaufbrüchen im Protestantismus kam es im 19. und 20. Jahrhundert. Es gründeten sich Diakonissenhäuser und Kommunitäten. Seit einiger Zeit existieren sogar „Evangelische Benediktinerinnen“. In Luthers ehemaligem Erfurter Kloster gibt es heute wieder – evangelisch geformtes – monastisches Leben.

Politiker

Die Reformation war keine rein religiöse Angelegenheit, sondern sie geschah innerhalb politischer Rahmenbedingungen, hatte politische Voraussetzungen und politische Konsequenzen. Ein wesentlicher Faktor, der in Deutschland die Reformation erleichterte, war das Fehlen eines Nationalstaates mit einer einheitlichen Zentralgewalt. Die in Deutschland herrschende Kleinstaaterei begünstige die Reformation, und die Reformation wiederum zementierte die territoriale Vielgestaltigkeit des Landes für Jahrhunderte.

Die Reformatoren hätten die Reformation alleine nicht zustande gebracht. Sie brauchten dafür die Unterstützung der jeweiligen Obrigkeiten. Das galt für Wittenberg und Zürich, für Straßburg und für Genf und sogar für Waldshut und Allstedt. Die Obrigkeiten ließen sich von den Lehren der Reformatoren beeinflussen, aber sie brachten auch ihre eigenen, nicht immer nur religiösen Interessen in das Reformationsgeschehen ein.

Wesentliche Faktoren der Reformationsgeschichte waren die Institution des Kaisertums und die Person des Kaisers. Neben Melanchthon gehörte Karl V. zu den wenigen großen Persönlichkeiten der Reformationsgeschichte, die diese Geschichte von Anfang an miterlebt und mitgestaltet haben.

Karl V.

Die wichtigste politische Kraft der Reformationsgeschichte war der Kaiser. Als Kaiser regierte von 1519–1558 Karl V. Er stammte aus einem Zweig des Geschlechts der Habsburger, die ursprünglich, im 10. und 11. Jahrhundert, einmal vom Elsass und von der Schweiz ihren Ausgang genommen, sich dann aber nach Osten verlagert hatten. Österreich war im 16. Jahrhundert der zentrale Besitz der Habsburger, aber ihnen gehörte beispielsweise auch Spanien. Geboren am 24. Februar 1500 in Gent, war Karl zunächst von 1515 an Herzog von Burgund und wurde 1517 König von Spanien, wozu auch Süditalien sowie Mittel- und Südamerika gehörten.

Als Beherrscher Mittel- und Südamerikas war Karl mitverantwortlich für die Kolonisierung und Missionierung dieser erst wenige Jahre zuvor neu entdeckten Weltgegend. 1492 hatte Christoph Kolumbus von Spanien aus den Seeweg nach Indien gesucht und war in der Karibik gelandet. Wenig später begannen die Spanier mit der Eroberung. Mit den Einheimischen, die von Columbus, weil er sie für Inder gehalten hatte, Indios genannt worden waren, gingen die Eroberer rücksichtslos um. Vertreibungen, Tötungen und Zwangstaufen waren an der Tagesordnung. Einer der Wenigen, die für die Entrechteten die Stimme erhoben, war der Dominikaner Bartolomé de Las Casas. Er sah in jedem geschundenen Indio einen „gegeißelten Christus“ und erhob mutig die Stimme. 1540–1543 setzte er sich am spanischen Hofe Karls für gesetzliche Reglungen ein, die das Los der Indios lindern sollten. Er hatte auch insofern Erfolg, als Karl ihm Gehör schenkte und neue Gesetze erließ. Allerdings wurden sie vor Ort nicht umgesetzt. Die auf Mäßigung zielende Politik Karls hatte keinen wirklichen Erfolg. Ganz ähnlich sollte es seiner Politik in Deutschland ergehen, wo man die Entwicklungen im fernen Amerika gar nicht kannte.

Der Weg zum Kaiser war Karl nicht vorbestimmt. Der Kaiser wurde nämlich gewählt, und der Ausgang dieser Wahlen war immer wieder offen. Allerdings waren es doch in aller Regel Angehörige des Hauses Habsburg, die bei den Wahlen gewannen und das Amt bekleideten.

Der Kaiser stand als Reichsoberhaupt an der Spitze des „Heiligen Römischen Reichs Deutscher Nation“. Es wäre nicht richtig oder zumindest verkürzend, von „Deutschland“ oder dem „Deutschen Reich“ zu sprechen. Das Reich verstand sich als Römisches Reich und der Kaiser als Römischer Kaiser, denn das von Karl dem Großen im Jahre 800 begründete Kaiserreich sah sich als Nachfahre des antiken Römerreichs. Deutschland lag im Zentrum des Reichs, aber das Reich war mehr als Deutschland. Gewählt („gekürt“) wurde der Kaiser von den sieben Kurfürsten („Wahlfürsten“). Das waren in der Reformationszeit die Erzbischöfe von

Mainz, Köln und Trier sowie die Regenten von Sachsen, Brandenburg, Böhmen und der Pfalz. Als im Jahre 1519, nach dem Tod des Habsburgers Maximilian I. am 12. Januar, wieder eine Kaiserwahl anstand, waren als Kandidaten im Gespräch: der sächsische Kurfürst Friedrich der Weise, der französische König Franz I. und der spanische König Karl I. Die Kurfürsten entschieden sich nach langen Verhandlungen einstimmig für Karl. Nur Brandenburg hatte bis zuletzt Vorbehalte. Gelder der Fugger, die sich von dem mit Karl verbundenen weltweiten Wirtschaftsraum viel versprachen, spielten bei der Wahl eine große Rolle. Streng genommen wählten die Kurfürsten den König, den Römischen König. Erst mit der Krönung durch den Papst, die manchmal erst nach Jahren folgte, wurde der König zum Kaiser, zum Römischen Kaiser. Doch verkürzend spricht man vom Kaiser und von der Kaiserwahl. Karl V. wurde am 28. Juni 1519 in Frankfurt am Main gewählt, am 23. Oktober 1520 in Aachen zum König gekrönt und erhielt am 24. Februar 1530 in Bologna die Kaiserkrone.

Die Deutschen verbanden den Regierungsantritt Karls mit großen Erwartungen. Obwohl er Deutschland nicht kannte und der deutschen Sprache nicht mächtig war, glaubte man, in ihm einen Vertreter deutscher Interessen, auch und gerade gegenüber Rom, zu haben. Schon im 15. Jahrhundert war in Deutschland ein gewisses Nationalbewusstsein erwacht, das der Humanismus gefestigt und verstärkt hatte, und auf Reichstagen wurden mehrfach anklagend „Beschwernisse der deutschen Nation" (gravamina nationis Germaniae) formuliert, die sich vor allem gegen den Papst richteten. Auch Luther verband mit dem Regierungsantritt Karls große Erwartungen. Seine Adelsschrift 1520 war an den Kaiser adressiert. In der Vorrede hob er die Jugend des Kaisers hervor, die Anlass zu Hoffnung gebe. Im Zusammenhang mit seiner Wahl hatte Karl eine Wahlkapitulation unterzeichnen müssen, in der er auf Rechte verzichtete und seinen Wählern Zugeständnisse machte. Damit versuchten die Kurfürsten, die kaiserlichen Kompetenzen zu beschränken und ihre Interessen in die kaiserliche Politik einzubringen. Zur Wahlkapitulation Karls gehörte die Zusage, keinen ohne Grund und ohne Prüfung („on ursach, auch unverhort") zu ächten. Dabei hatten die Kurfürsten natürlich nicht an Ketzer gedacht, die es seit Jahrzehnten nicht mehr gab. Doch diese Bestimmung griff zum ersten Mal just als – nach päpstlicher Sicht – ein neuer Ketzer von sich reden machte: Martin Luther. Luthers Landesherr, Friedrich der Weise, und andere verlangten vom Kaiser 1521 eine Vorladung Luthers und setzten sich damit durch.

Der Wormser Reichstag 1521 war der erste Reichstag in der Regierungszeit Karls und deswegen mit großen Erwartungen verbunden. Die Luthersache wurde nicht im Plenum, sondern in einer Sonderversammlung am Rande verhandelt, nicht im Rathaus, wo normalerweise getagt wurde, sondern im Bischofshof, wo der Kaiser sein Quartier hatte. Vertreter des Papstes waren nicht zugegen. Karl hat sich, nachdem Luther den Widerruf verweigert hatte, mit Überzeugung gegen Luther entschieden. Er konnte es sich nicht vorstellen, dass ein kleiner Mönch und einfacher Theologieprofessor Recht haben sollte gegen die Kirche und die ganze Tradition. Er verurteilte ihn und es reute ihn, wie er sagte, so lange gezögert zu haben. Doch die zögerliche Politik setzte sich fort. Karl unterschätzte die Reformation mit ihrer Eigendynamik und den Rückhalt, den sie in Deutschland bereits gefunden hatte. Er verzichtete darauf, das Wormser Edikt mit dem Achtspruch gegen Luther dessen Landesherrn auch nur zuzustellen. Er setzte nicht alle seine Kräfte ein gegen Luther, wie er es in Worms versprochen hatte, sondern kehrte dem Reich den Rücken, um in Norditalien mit Frankreich zu kämpfen.

Papst und Kaiser zogen im Reformationsjahrhundert häufig nicht an einem Strang. Das wurde schon bei der Kaiserwahl 1519 deutlich, als der Papst lieber einen anderen als einen Habsburger gehabt hätte. Die Konflikte setzten sich in den 20er Jahren fort, und dabei ging es wieder um handfeste politische Interessen. Man könnte auch sagen: Politische Differenzen zwischen Kaiser und Papst verhinderten, dass sie die anstehenden religiösen Entscheidungen in Angriff nahmen und gemeinsam lösten. Im Jahre 1526 hatten sich Frankreich, Venedig, Mailand, Florenz und der Papst in der „Heiligen Liga von Cognac“ gegen den Kaiser verbündet. Es ging um die Machtverhältnisse in Italien. Karl V. suchte der Liga militärisch Herr zu werden, und es kam zur Plünderung Roms (Sacco di Roma) durch kaiserliche Truppen. Am 6. Mai 1527 griffen sie die Heilige Stadt an. Dabei fiel der Anführer. Darauf ging die Truppe zu Plünderungen über. Papst Clemens VII., ein Neffe Leos X., flüchtete sich in die Engelsburg, musste sich aber am 5. Juni ergeben und kam in Gefangenschaft, aus der er sich erst am 6. Dezember loskaufen konnte. Luther beobachtete die Ereignisse mit Genugtuung und hielt das Ende des Papsttums für gekommen. In dem Geschehen sah er einen Beweis für die weise göttliche Geschichtslenkung, weil ausgerechnet *der* Kaiser, der ihn im Auftrag des Papstes verfolgt habe, nunmehr im Sinne Luthers das Papsttum verwüste. Doch das Papsttum sollte sich rasch wieder erholen.

Der zweite Reichstag in Gegenwart des Kaisers war der Augsburger im Jahre 1530. Karl glaubte an die Möglichkeit, die religiöse Einheit jetzt wiederherstellen zu können. Er sah sich als Beschützer der Kirche, wollte aber auch kirchliche Reformen. Den Sieg über Frankreich in der Tasche und vom Papst gerade gekrönt, wähnte er sich auf dem Höhepunkt seiner Macht und wollte als Friedenskaiser in die Geschichte eingehen. Im Plenum des Reichstages wurde am 25. Juni 1530 das Augsburger Bekenntnis in deutscher Sprache feierlich von dem kursächsischen Kanzler Christian Beyer verlesen. Sein Hauptverfasser, Melanchthon, saß völlig erschöpft, den Tränen nahe in seiner Herberge. Es war ein schwülheißer Tag, und Karl schlief während der Verlesung ein. Das konnte man bereits als einen symbolischen Hinweis auf den weiteren Gang der Dinge interpretieren. Der Reichstag scheiterte in der Religionsfrage, auch aus der Sicht des Kaisers. Die evangelischen Fürsten kehrten nicht in die alte Kirche zurück, und Karl musste die Erfahrung machen, dass auch die bayerischen Herzöge und die römische Kurie nicht bereit waren, um der Einheit willen Kompromisse zu schließen, sondern die Konfrontation bevorzugten. Die Zurückweisung der Confessio Augustana, zu der er sich entschließen musste, führte freilich zu einer Vertiefung der Spaltung und ließ die Chancen für Einheit sinken.

In den 30er Jahren blieb Karl aus realpolitischen Gründen nichts weiter übrig, als die Protestanten zu dulden, denn er brauchte die Unterstützung der evangelischen Fürsten für die Bekämpfung der Osmanen, die letztlich erfolgreich war und die Türkengefahr bannte. Die Bedrohung durch die Türken begleitete die Reformationsgeschichte von Anfang an und bewegte die Reformatoren auch zu theologischen Deutungen. Unter Sultan Suleiman II., der 1520 an die Macht gekommen war, hatte eine neue Phase der türkischen Expansion begonnen, die Karl V. zu Land und zu Wasser zu bekämpfen suchte. 1521 wurde von den Türken Belgrad erobert, und 1526 fiel der ungarische König in der Schlacht bei Mohácz. Luther sah darin ein Vorzeichen des Jüngsten Tages. 1529 wurde Wien drei Wochen lang vom türkischen Heer belagert. Weitere „Türkenjahre" folgten 1532, 1541 und 1543. Mehrfach setzte sich Luther in Schriften mit der Frage der militärischen Bekämpfung der Türken auseinander. Den Krieg hielt er für richtig, warnte aber vor einem Kreuzzug. Grundsätzlich erblickte er in den Türken eine Zuchtrute Gottes, mit der dieser seine in Sünde gefallene Christenheit strafe. An vorderster Stelle im Kampf gegen die Türken, so Luther, müsse deshalb Buße und Umkehr stehen. Auch Melanchthon hat das Problem und die Gefahr wahrgenommen, war aber weniger endzeitlich gestimmt als Luther. Er rechnete ernsthaft mit dem Untergang des christlichen Abendlandes und damit, dass die Christen in Europa zu kleinen Minderheiten würden, wie es in Kleinasien geschehen sei, wo einstmals die Wiege der Christenheit gestanden hatte. Aber Melanchthon war sich auch sicher, dass Gott dann eine andere Weltgegend erwählen und zum Zentrum der Christenheit bestimmen würde.

Die Religionsgespräche der vierziger Jahre verdankten sich einer Initiative des Kaisers. Im Hintergrund standen nicht nur der bekannte Wunsch nach Einheit auf der Basis einer tolerablen Kirchenreform, sondern wiederum ebenfalls außenpolitische Zwänge. Der Konflikt mit Frankreich war wieder aufgelebt, und Karl brauchte auch in dieser Lage erneut die Unterstützung der evangelischen Fürsten. 1541 in Regensburg war er selbst zugegen. Gegenüber sächsischen Räten verglich er sein Vorhaben auf kirchlichem Gebiet mit dem Abbruch und dem Neubau eines Hauses: Man breche ein altes Haus ab, verwende aber Steine und anderes zum Wiederaufbau des neuen. Er erwog sogar, eine Reform der Kirche ohne den Papst durchzuführen. Doch das Regensburger Buch scheiterte, und 1542 versetzte der Schmalkaldische Bund dem Friedenswillen des Kaisers einen weiteren Schlag, indem er das katholische Herzogtum Braunschweig-Wolfenbüttel mit

Krieg überzog. Gleichzeitig begann sich der Erzbischof von Köln der Reformation zuzuwenden. Die Zeichen standen wieder auf Sturm. Als Karl 1546, von den Niederlanden kommend, wieder in Regensburg eintraf, war er zum Krieg fest entschlossen.

Im Schmalkaldischen Krieg sah sich Karl seinen Zielen wieder nahe. Am 23. Mai 1547 betrat er siegreich Wittenberg, die Stadt, in der die Reformation den Anfang und viele seiner Probleme den Ausgang genommen hatten. Karl ging in die Schlosskirche und stand am Grab Luthers, den er seit 1521 nicht noch einmal gesehen hatte. Er ließ den „Ketzer" nicht, wie man es andernorts zu tun pflegte, ausgraben und posthum verbrennen, sondern bewies Größe, indem er entsprechende Vorschläge seiner Berater zurückwies. Mündlich überliefert wurde sein Ausspruch: Ich kämpfe mit Lebenden, nicht mit Toten. Ob er das gesagt hat oder nicht, lässt sich nicht beweisen, aber es entsprach auf jeden Fall seiner Einstellung und seinem Verhalten.

Die kriegerischen Auseinandersetzungen der Jahre 1546–1552 endeten, auch aus Sicht des Kaisers, mit einem Fiasko. Seine Religionspolitik war auf der ganzen Linie gescheitert. Schon 1552 überließ er die Amtsgeschäfte seinem Bruder Ferdinand, den die Kurfürsten bereits 1531, also ohne den Tod des Kaisers abzuwarten (vivente Imperatore) zum Römischen König gewählt und damit als zukünftigen Kaiser bestimmt hatten. Am Reichstag von Augsburg 1555 nahm Karl nicht teil. Ferdinand verhandelte an seiner Stelle. Am 3. August 1556 verzichtete Karl auf die Kaiserwürde, überließ die Bestimmung des Zeitpunktes des Übergangs aber seinem Bruder. Dieser übernahm das Amt förmlich am 14. März 1558, als er sich von den Kurfürsten feierlich als „Erwählten Römischen Kaiser" proklamieren ließ. Eine päpstliche Krönung unterblieb, und sie sollte auch fortan bis zum Ende des Reiches 1806 unterbleiben, weil die Päpste Distanz wahrten und keine Kaiser krönen wollten, die lutherische „Ketzer" im Reich tolerierten, und weil die Kaiser ihrerseits ihre lutherischen Untertanen durch ein päpstliches Ritual nicht provozieren wollten. Die Abdankung und der Amtswechsel war in mehrfacher Hinsicht ein einmaliger Vorgang. Ausgerechnet der mächtigste Kaiser der europäischen Neuzeit beendete seine Amtszeit nicht wie üblich mit seinem Tod, sondern resignierte und entschloss sich, in der einsamen spanischen Estremadura seine letzten Lebensjahre zu verbringen. Karl V. starb am 21. September 1558 in seiner Villa beim Kloster San Jerónimo de Yuste und wurde in der Klosterkirche bestattet.

Zu den wenigen Verdiensten Karls auf religionspolitischem Gebiet gehört das Trienter Konzil. Dem Kaiser ist es zu verdanken, dass dieses Konzil, fünfundzwanzig Jahre nachdem die Konzilsforderung zum ersten Mal erhoben worden war, wirklich stattfand. Hätte nicht der Kaiser die Päpste gedrängt, wäre es wohl nie zustande gekommen. Auch die Ortswahl verdankte sich seiner Einflussnahme. Der Papst hätte das Konzil am liebsten in seinem Machtbereich abgehalten, Trient aber lag im Reich. Schon 1524 hatte Karl dem Papst diesen Ort vorgeschlagen, weil die Deutschen ihn für eine deutsche Stadt hielten, obwohl er doch eigentlich schon Italien sei. Das Konzil von Trient, das über den Tod Karls hinaus noch tagte, schuf eine erneuerte katholische Kirche, wie sie sich Karl immer gewünscht hatte. Allerdings kam die Erneuerung zu spät, als dass sie die Reformation noch einmal hätte zurückdrängen können. Und die Erneuerung war auch nicht so umfassend, wie es dem Kaiser vorgeschwebt war, denn die alles entscheidende Reform des Papsttums wurde in Trient ausgeklammert.

Friedrich der Weise

Zu den mächtigsten Männern im frühneuzeitlichen Reich gehörte der Kurfürst von Sachsen. Seine Macht lag nicht nur in der Größe seines Landes, sondern auch in dessen wirtschaftlicher Stärke begründet, denn Sachsen war eine wichtige Bergbauregion. Störend war allerdings die 1485 vollzogene Teilung des Landes. Das Kurfürstentum wurde vom Geschlecht der Ernestiner, das Herzogtum vom Geschlecht der Albertiner regiert. Die Ernestiener beherrschten die nördlichen, westlichen und südlichen Landesteile und residierten in Torgau und Wittenberg, die Albertiner beherrschten die östlichen und die nordwestlichen Gebiete und residierten in Meißen, Leipzig und Dresden. Die Teilung hatte vielfache Folgen für die Reformationsgeschichte bis hin zum

Schmalkaldischen Krieg. Am Anfang jedoch stand eine andere Folge der Teilung des Landes: die Gründung der Universität Wittenberg im Jahre 1502. Die Ernestiner wollten eine eigene Universität, denn die altehrwürdige Universität Leipzig, 1409 gegründet, lag im albertinischen Landesteil. Die Universität Wittenberg war die Basis der Reformation, und es ist kaum vorstellbar, wie es ohne diese Universität zu einer Reformation hätte kommen können.

Der Gründer der Universität Wittenberg war Kurfürst Friedrich III., auch der Weise genannt. Er wurde am 17. Januar 1463 in Torgau geboren und folgte als erstgeborener Sohn 1496 seinem Vater auf dem Fürstenthron. Friedrich war eine humanistische Bildung zuteil geworden. Er verstand Latein und etwas Französisch und hatte Kontakte zu Reuchlin und zu Erasmus. Gleichzeitig war er ein frommer Mann. Er förderte die Klosterreform und pilgerte 1493 in das Heilige Land. In Venedig bestieg er für die nicht ungefährliche Reise das Schiff. In Jerusalem ließ er sich zum Ritter schlagen.

Die Universität Wittenberg, in der Gelehrtensprache, den Ortsnamen aufgreifend (witt = weiß) mit einem lateinisch-griechischen Mischwort „Leucorea“ (die Weiße) genannt, wurde nach dem Vorbild der Universität Tübingen gegründet. Gründungsdatum war der 18. Oktober 1502. Die dafür notwendigen kaiserlichen Privilegien waren am 6. Juli eingegangen, die päpstlichen folgten erst nachträglich. Die prägende Gestalt beim Aufbau der Universität war der Augustiner-Eremit Johannes von Staupitz, in dessen Fußstapfen Luther zehn Jahre später treten sollte.

In Wittenberg besaß Friedrich ein Schloss, aber er residierte nur selten in der Stadt. Als Residenz bevorzugte er Torgau. In Wittenberg ließ er aber in der zu seinem Schloss gehörenden Kirche seinen Reliquienschatz unterbringen, den er von 1493 an sukzessive erworben hatte. Aus Rhodos hatte er damals einen Daumen der Heiligen Anna mitgebracht. Anschließend sammelte er unermüdlich weiter und appellierte sogar auf Reichstagen an seine Standesgenossen, ihm Reliquien zu überlassen. Die Überbleibsel verstorbener Heiliger wurden in kostbaren Gefäßen untergebracht und auf der Empore der Schlosskirche ausgestellt. Einmal jährlich standen sie der Besichtigung offen. Im Jahre 1520 umfasste die Sammlung 19.000 Einzelteile. Für die Zeit war das allerdings nicht so sensationell. In Halle gab es zwanzig Mal so viele Reliquien. Reliquien erinnerten nicht nur an das Leben und die Taten der verstorbenen Heiligen, sondern durch ihren Besuch und ihre andächtige Betrachtung konnte Ablass erworben werden. Ein besonderer, mit der Sammlung verbundener Ablass wurde in der Schlosskirche jährlich am Allerheiligentag gewährt, der nach einer Kapelle bei Assisi benannte Portiuncula-Ablass, der für alle bereuten Sünden galt. Zwischen Friedrichs Reliquienschätzen und Luthers Thesen gibt es also eine Verbindungslinie. Luther hat seine Thesen am 31. Oktober veröffentlicht. Am 1. November war Allerheiligen. An den Reliquienschätzen seines Landesherrn und den mit ihnen verbundenen problematischen Frömmigkeitspraktiken hat Luther nie direkte Kritik geübt. Zumindest bis 1519 hat Friedrich auch weiter Reliquien erworben. Damals tauschte er bei der Mutter des französischen Königs Cranach-Bilder gegen Reliquien. Von 1522 an wurden die heiligen Schätze allerdings nicht mehr öffentlich gezeigt, und Friedrich erwarb jetzt auch keine neuen mehr. Aber erst nach Friedrichs Tod wurden sie von seinem Bruder und Nachfolger vernichtet und das Gold und das Silber zu Geld gemacht. Gleichzeitig bekam die Schlosskirche eine neue, ursprünglich nicht intendierte Funktion als Grablege der Kurfürsten. 1525 wurde Friedrich der Weise in ihr vor den Stufen des Hochaltars bestattet, 1532 auch sein Bruder. Monumentale Denkmäler erinnern bis heute an die beiden Reformationsfürsten.

In der Reichspolitik verfügte Friedrich über erheblich Erfahrung. Seit dem Reichstag von Worms im Jahre 1495 nahm er beinahe regelmäßig persönlich an den Reichsversammlungen teil. Bei aller Treue zum Kaiser widersetzte er sich konsequent allen Versuchen, die Rechte von Kaiser und Reich gegenüber den Territorien zu steigern, ja verfolgte sogar das umgekehrte Ziel, die Stärkung der Territorien. Die Idee, ihn zum Kaiser zu machen, war auf diesem Hintergrund nur verständlich. Doch die Sachsen hatten seit der Zeit der Ottonen keinen Kaiser mehr gestellt. Zuletzt waren immer Habsburger gewählt worden. Friedrich selbst stand der Idee 1519 reserviert gegenüber. Er gab seine Stimme ohne Vorbehalte Karl. Aber auch ohne Kaiser zu sein hat Friedrich die deutsche Geschichte, vor allem die deutsche Kirchengeschichte, ähnlich stark geprägt wie 600 Jahre zuvor die Ottonen mit ihrer Entscheidung, Bischöfe mit weltlicher Macht auszustatten.

Friedrich ist als der Beschützer Luthers in die Geschichte eingegangen. Er erwirkte, dass Luther 1518 nicht nach Rom reisen musste, sondern in Augsburg verhört wurde. Er bewerkstelligte es, dass Luther 1521 in Worms vorgeladen wurde und sicheres Geleit erhielt. Er brachte Luther im Anschluss an den Wormser Reichstag in Sicherheit. Über die Motive für die Inschutznahme des Wittenberger Mönchs kann man nur Vermutungen anstellen. Es gibt keine Quellen, die Einblicke in die inneren Motive von Herrscherpersönlichkeiten dieser Zeit zulassen. Sicher wollte Friedrich nicht, dass sich Fremde in die inneren Angelegenheiten seines Landes einmischten. Sicher gefiel es ihm, dass seine neue Universität berühmt wurde und Studenten aus ganz Europa anzog. Sicher ging es ihm auch in diesem Fall darum, die Rechte der Territorien gegenüber dem Kaiser zu wahren. Ob er ein Verständnis für Luthers religiöses Anliegen hatte, ist fraglich. Seine Vorladung nach Worms hatte Luther aber auch Albrecht von Mainz zu verdanken. Er trat ebenfalls gegenüber dem Kaiser gegen das vom Papst und seinen Gesandten geforderte schnelle Achtmandat ein und pochte auf eine Vorladung. Nach der Rede Luthers vor dem Kaiser soll Friedrich gesagt haben: Wohl hat der Pater Martinus geredet, nur er ist mir viel zu kühne.

Luther und Friedrich sind sich nur einmal persönlich begegnet, nämlich beim Reichstag zu Worms. Ansonsten verkehrten die beiden über Mittelsmänner miteinander, wobei dem humanistischen Kanzler Georg Burkhardt aus Spalt bei Nürnberg, kurz Spalatin genannt, eine große Bedeutung zukam. Der Handwerkersohn aus Franken hatte zeitgleich mit Luther in Erfurt Jura studiert und war zutiefst humanistisch geprägt. Nach jahrelanger Erziehertätigkeit und Priesterweihe wirkte er von 1516 an als Sekretär, Beichtvater und Hofprediger Friedrichs. Nach dessen Tod wurde er evangelischer Pfarrer.

Friedrich war ein großer Kunstmäzen. Er förderte die Malerei ebenso wie die Musik und die Literatur. Für den 1496 beginnenden Neubau seines Wittenberger Schlosses samt Schlosskirche im spätgotischen Stil holte er erstrangige Künstler in die Elbestadt. Unter ihnen war Lukas Cranach, der dann auch für die Reformation eine besondere Bedeutung erlangen sollte. 1503 wurde die Kirche geweiht, aber erst 1506/07 gewölbt. Erst danach konnte sie als Universitätskirche dienen. Sie besaß sechzehn, nach anderen Quellen einundzwanzig Altäre. Achtzig Kleriker waren an ihr beschäftigt. Jeder hatte täglich eine Messe zu lesen. Es wurden also unzählige Gottesdienste, aber die meisten ohne Gemeindepräsenz durchgeführt.

Friedrich der Weise starb am 5. Mai 1525 in Lochau. Auf dem Sterbebett ließ er sich zum ersten Mal das Abendmahl in beiderlei Gestalt reichen und bekannte sich damit indirekt zur Reformation, die er acht Jahre lang geschützt und der er bewusst oder unbewusst zum Erfolg verholfen hatte. Bei der Beisetzung in der Wittenberger Schlosskirche hielt Luther die Grabrede. Er hob hervor, dass es zu Friedrichs Lebzeiten nie Blutvergießen gegeben habe. Seinen Tod interpretierte er als mahnendes Zeichen einer bevorstehenden bösen Zeit und als göttliche Strafe am Volk für die nachlässige Aufnahme des Evangeliums. Später zählte Luther den Verstorbenen zu einem der „Wundermänner Gottes".

Nachfolger des ohne eheliche Kinder verstorbenen Friedrich wurde auf dem Kurfürstenthron sein jüngerer Bruder Johann, der den Beinamen „der Beständige" trägt. Er bekannte sich von Anfang an und konsequent zu Luther und zur Reformation und hielt allen Widerwärtigkeiten während seiner bis 1532 währenden Regierungsperiode Stand.

Auf Johann folgte sein Sohn Johann Friedrich, beschönigend der Großmütige genannt, eine tragische Gestalt. Er war von phlegmatischer Natur und ein Liebhaber des Trinkens und des Jagens. An der Reformation festhaltend wurde er in die Wirren der Kriege hineingezogen. Wegen seines Widerstandes gegen den Kaiser zum Tode verurteilt, verzichtete er auf zentrale Teile seines Territoriums. Als Gefangener des Kaisers verbrachte er fünf harte Jahre. Schon zuvor krank gewesen und so dickleibig, dass er sich tragen lassen musste, starb er im Jahre 1554 in Weimar, wohin er sich nach seiner Freilassung zurückgezogen hatte.

Als Ersatz für das verlorene Wittenberg gründete Johann Friedrich die Universität Jena, die sich zu einer Hochburg des strengen Luthertums entwickeln sollte. Zu verdanken ist ihm ferner der erste evangelische Kirchenbau, die Schlosskapelle zu Torgau. 1544 war sie von Luther höchstpersönlich auf Schloss Hartenfels in Torgau eingeweiht worden. Bis dahin hatten die lutherischen Reformatoren die mittelalterlichen Kirchen weiter benutzt und nur behutsam umgestaltet. In Torgau stand man erstmals vor der Herausforderung eines dezidiert evangelischen Kirchenbaus. Die einschiffige Kapelle besitzt keinen Chor, da es in einer evangelischen Kirche keines Sonderbereichs für Kleriker mehr bedarf. Die Kanzel wurde an einem Seitenpfeiler angebracht und der Prediger somit mitten in die Gemeinde hineingestellt. Der Altar hat eine schlichte Tischform, wie sie zur Feier des Abendmahls ausreicht.

Philipp von Hessen

Neben dem Kurfürstentum Sachsen war die Landgrafschaft Hessen das wichtigste Land der Reformation. Sie wurde von 1518–1567 von Philipp regiert, dem wie Johann Friedrich von Sachsen der Beiname „der Großmütige" beigelegt wurde. Er war am 13. November 1504 in Marburg geboren worden und übernahm schon 1518, als noch nicht einmal 14-Jähriger, vom Kaiser für mündig erklärt die Regierung. 1521 besuchte er den Wormser Reichstag und sprach dort mit Luther, war aber noch gegen ihn eingestellt. Zu dieser Zeit gab es in Hessen aber bereits evangelische Prediger, und an Philipps Hof in Kassel befanden sich „Martinianer". In Alsfeld predigte der Augustiner-Eremit Tilman Schnabel im Sinne Luthers und in Hersfeld die Priester Heinrich Fuchs und Melchior Rinck, die der Landgraf noch im Januar 1524 des Landes verwies. Der aus Marburg stammende Luther-Schüler Hartmann von Ibach wirkte in der Reichsstadt Frankfurt. Im Laufe des Jahres 1524 wandte sich Philipp unter dem Einfluss Melanchthons selbst der Reformation zu.

Melanchthon hatte im Sommer 1524 erstmals seit seiner Berufung nach Wittenberg eine Urlaubsreise unternommen und seine kurpfälzische Heimat besucht. Auf der Rückreise – er war mit dem Pferd unterwegs – begegnete ihm hinter Heidelberg zufällig

Philipp, der zu einem Adelsfest ritt. Philipp wusste von Melanchthon und erkannte ihn und verwickelte ihn in ein Gespräch über die aktuellen religiösen Fragen. Am liebsten hätte Philipp ihn mit sich nach Heidelberg genommen, um dort in der Herberge weiter mit ihm zu diskutieren. Aber Melanchthon wollte nicht umkehren und versprach Philipp eine schriftliche Antwort auf seine Fragen. Im September 1524 schrieb er in Wittenberg eine Zusammenfassung reformatorischer Grundgedanken nieder und schickte sie dem Landgrafen. Ein lebenslanges Vertrauensverhältnis verband die beiden nunmehr. Nur die kriegerischen Ambitionen Philipps waren Melanchthon nie geheuer.

Von 1524 an tolerierte Philipp in seinem Territorium die evangelische Predigt. Er war aus innerer Überzeugung evangelisch und suchte sein Glaubenswissen durch Bibelstudien zu vertiefen. 1525 kämpfte er allerdings gegen die aufständischen Bauern und trat mit seinen Truppen Thomas Müntzer entgegen, wie er auch zuvor schon gegen Ulrich von Hutten und Franz von Sickingen zu Felde gezogen war.

Entscheidend für die Reformation in Hessen war das Jahr 1526. Der Beschluss des Speyerer Reichstags, jeder Stand möge es in Glaubensfragen so halten, wie er es vor Gott und dem Kaiser verantworten könne, nahm Philipp zum Anlass, die kirchlichen Verhältnisse in seiner Landgrafschaft neu zu gestalten. Im Oktober tagte in Homberg an der Efze eine Synode, die eine Kirchenordnung beschloss. Doch Luther erhob Einspruch und empfahl, langsamer vorzugehen und die Reformation zunächst einmal als eine Bildungsaufgabe zu begreifen. Philipp nahm Luthers Rat konstruktiv auf. Wie zur gleichen Zeit in Kursachsen wurde durch „Visitationen" die evangelische Predigt gesichert: Theologen und Juristen besuchten (lat.: visitare) im Auftrag des Landgrafen die Gemeinden, untersuchten und registrierten die örtlichen kirchlichen Verhältnisse und verpflichteten die Pfarrer auf die reformatorische Lehre. Zur Ausbildung evangelischer Beamter und Pfarrer wurde 1527 die Universität Marburg gegründet. Die Klöster wurden aufgehoben.

Philipp war von Anfang an ein kriegsbereiter Anhänger der Reformation. 1526 schloss er mit Johann von Sachsen ein Bündnis, und

1528 erwog er einen Präventivschlag gegen altgläubige Fürsten, von denen er eine Kriegsgefahr ausgehen sah. Philipps großes Ziel war ein Bündnis aller evangelischer Kräfte unter Einschluss Zürichs. Doch Luther und Melanchthon widersprachen, weil sie die Einheit in der Lehre als Voraussetzung eines politisch-militärischen Bündnisses ansahen, und diese war nicht gegeben. Aus diesem Grunde initiierte Philipp 1529 das Marburger Religionsgespräch. Den Wittenbergern hat er im Vorfeld verheimlicht, dass auch Zwingli anreisen würde. Luther wäre ansonsten wohl gar nicht gekommen. Das Gespräch fand in Gegenwart Philipps statt und musste, da er es selbst mitverfolgen wollte, in deutscher Sprache gehalten werden, was den Gelehrten, die sich in schwierigen theologischen Fragen nur lateinisch korrekt ausdrücken konnten, sichtlich schwer fiel. Es kam auch zu Missverständnissen, weil Luther den schweizerischen Dialekt Zwinglis nicht verstand und manche Äußerungen falsch interpretierte. Das Ziel, das sich Philipp gesteckt hatte, wurde nicht erreicht. In die Geschichte eingegangen ist das Ereignis dennoch.

Beim Augsburger Reichstag unterstützte Philipp das Augsburger Bekenntnis. Anschließend betrieb er die Gründung des Schmalkaldischen Bundes und wurde neben dem sächsischen Kurfürsten einer seiner beiden Hauptleute. Der Name und der Tagungsort Schmalkalden ist Ausdruck der Tatsache, dass Hessen und Kursachsen die beiden wichtigsten Länder der Reformation waren. Schmalkalden lag auf hessischem Gebiet in einer Gegend, wo sich die beiden Territorien berührten.

1534 gelang Philipp mit militärischer Gewalt ein wichtiger Sieg für die Reformation. Er führte den wegen Mord und Landfriedensbruch aus seinem Land vertriebenen Herzog Ulrich nach Württemberg zurück. Philipp scheute sich nicht, dafür die Unterstützung des katholischen Frankreichs in Anspruch zu nehmen, das ein Interesse an der Zurückdrängung der Habsburger aus Württemberg hatte. Ulrich war im Exil ein Anhänger der Reformation geworden und führte diese gleich nach seiner Rückkehr in seinem Land ein. 1536 wurde Württemberg Mitglied des Schmalkaldischen Bundes.

Im gleichen Jahr 1536 erntete Philipp mit der Wittenberger Konkordie einen weiteren Erfolg. Es gelang, in der Abendmahlsfrage eine Kompromissformel zu finden, der immerhin Bucer zustimmen konnte und die den Weg für den Anschluss Straßburgs an die Wittenberger Reformation ebnete. Zürich war allerdings nicht einbezogen. Luthers für viele anstößige Position, beim Abendmahl die Gegenwart des Leibes Christi so real und unabhängig vom Glauben der Spender und der Empfänger zu begreifen, dass er davon sprach, auch die „Ungläubigen" empfingen den Leib Christi (manducatio impiorum), wurde dahingehend abgemildert, dass man nicht von Ungläubigen, sondern von „Unwürdigen" sprach (manducatio indignorum).

Weit in die Zukunft wies die in Hessen 1539 formell eingeführte Konfirmation. In den Reformationskirchen war die Firmung als Sakrament abgeschafft worden, weil es keine biblische Grundlage hatte. Durch die Kritik der Täufer an der Kindertaufe wurde aber das Problem erkannt, dass es eines Aktes der bewussten Entscheidung für den christlichen Glauben bedürfte. Bucer nahm sich in besonderer Weise dieser Fragen an und schuf eine Ordnung, die eine Wiederholung des Taufbekenntnisses, eine fürbittende Segenshandlung und den Ritus des Handauflegens vorsah und diese Konfirmation mit der Abendmahlszulassung als Eingliederung in die Gemeinde verband. Fraglich ist jedoch, ob diese in den hessischen, aber auch in anderen reformatorischen Kirchenordnungen vorgesehene Konfirmation in den Gemeinden wirklich praktiziert wurde. Richtig und dauerhaft durchgesetzt hat sie sich auf jeden Fall erst mehr als 150 Jahre später unter dem Einfluss des Pietismus.

Zu den aus heutiger Sicht negativen Entscheidungen Philipps gehörte 1539 die Zerstörung des Grabes der Heiligen Elisabeth und die Entfernung der Reliquien. Elisabeth von Thüringen, die im 13. Jahrhundert, inspiriert von Franz von Assisi, mit der aufopferungsvollen Pflege von Kranken begonnen hatte und schon zu Lebzeiten im Ruf der Heiligkeit stand, war die Stammmutter der hessischen Grafen und die Patronin des Landes. Ihre Gebeine lagen in einer eigens für sie errichteten Wallfahrtskirche in Marburg. Im späten Mittelalter war sie eine der beliebtesten Heiligen, und auch aus evangelischer Sicht konnte man ihrer Verehrung – nicht ihrer Anrufung und Anbetung – zustimmen. Melanchthon hatte in der von Philipp unterschriebenen Confessio Augustana erklärt, dass in der evangelischen Kirche die Heiligen verehrt werden sollen. Dessen ungeachtet beendete Philipp im Jahre 1539 die Elisabeth-Verehrung in Marburg durch einen Gewaltakt, an dem er sich persönlich beteiligte. Die Reliquien schaffte er beiseite und plante ihre Vernichtung. Martin Luther und Katharina von Bora dagegen hatten 1527 ihrer erstgeborenen Tochter den Namen Elisabeth gegeben, wobei sie vielleicht nicht nur an die Mutter von Johannes dem Täufer, sondern auch an die Heilige dachten. Melanchthon auf jeden Fall gedachte ihrer regelmäßig am 19. November, ihrem Todestag, und schätzte sie als „fromme Fürstin". In einem Bereich seines Wirkens knüpfte Philipp jedoch direkt an die nicht mehr geschätzte Ahnin an. Im Rahmen der reformatorischen Neuordnung der Kranken- und Armenfürsorge gründete er in Gronau, Haina, Merxhausen und Hofheim in ehemaligen Klöstern Hospitäler, getrennt für Männer und Frauen. Damit führte er die Armen- und Krankenfürsorge in seinem Land auf eine zu seiner Zeit unbekannte Höhe.

Philipp war einer der erfolgreichsten Politiker der Reformation. Gleichzeitig war er jedoch mitverantwortlich dafür, dass der Kaiser den Krieg gegen die Protestanten wagen konnte und gewagt hat. Die Gründe für diese andere Seite des hessischen Landgrafen liegen im Privaten. Philipp war im Jahre 1523 standesgemäß mit Christine von Sachsen, einer Tochter Georgs des Bärtigen, verheiratet worden. Dynastische Erwägungen spielten bei dieser Ehe, wie bei allen fürstlichen Eheschließungen, die Hauptrolle. Wie alle Fürsten, so erlaubte sich auch Philipp neben seiner Ehe ein freies Liebesleben mit anderen Frauen. Ein besonders enges Verhältnis entwickelte sich zu der jungen Hofdame Margarete von der Saale. Anders als alle anderen Fürsten bekam Philipp jedoch wegen seines Verhaltens Gewissensbisse. Er war ein wirklich überzeugter Anhänger des evangelischen Glaubens und nahm die reformatorische Lehre ernst, auch was die persönlichen Konsequenzen anbelangte. In seiner Not wagte es Philipp nicht mehr, am Abendmahl teilzunehmen. Er suchte einen Ausweg und wandte sich an Bucer, Melanchthon und Luther. Die Reformationstheologen rieten ihm zu einer heimlichen Doppelehe und gaben dafür eine biblische Begründung: Die Patriarchen hätten verschiedene Ehefrauen besessen, und Jesus habe die Vielehe nicht ausdrücklich verboten. Philipp war erleichtert und schenkte Luther zum Dank für seinen „Beichtrat“ ein Fass Rheinwein. Die Doppelehe sollte, so die Reformatoren, heimlich geschlossen werden, um Unruhe und Nachteile für die Evangelischen zu vermeiden. Doch das ließ sich so nicht realisieren. Am 4. März 1540 heiratete Philipp seine Zweitfrau, und schnell wurde die Sache bekannt. Auf Bigamie stand nach Reichsrecht die Todesstrafe, und der Kaiser strengte einen Prozess gegen den politisch führenden Mann der Reformation an. Der Skandal war offenkundig und unermesslich. Während Luther die Sache leicht nahm, bekam Melanchthon so heftige Gewissensbisse, dass er – just auf der Reise zum Hagenauer Religionsgespräch – schwer erkrankte, dem Tode ins Auge sah und auch selbst zu sterben wünschte. Er fühlte sich mitverantwortlich für die nun eingetretene Gefährdung der Reformation.

Philipp war gezwungen, das Gespräch mit dem Kaiser und einen Kompromiss zu suchen, um den Bigamieprozess abzuwenden. Am 13. Juni 1541 unterwarf er sich dem Kaiser und versprach, gegen ihn keine Bündnisse mehr einzugehen. Der Hauptmann des bislang so erfolgreichen Schmalkaldischen Bundes war kaltgestellt. Der Kaiser konnte den Krieg wagen und wagte ihn 1546. Am 19. Juni 1547 wurde Philipp vom Kaiser, der zuvor die Reichsacht über ihn verhängt hatte, gefangen genommen. Damit brach der Kaiser ein Versprechen, das er Moritz von Meißen, dem Schwiegervater Philipps, gegeben hatte, und dies war mit ein Grund für die spätere Abwendung Moritzens vom Kaiser und für den Fürstenkrieg. Fünf Jahre verbrachte Philipp in Mecheln in den Niederlanden in Gefangenschaft. Die immer noch vorhandenen Elisabeth-Reliquien musste er 1548 herausrücken, aber sie wurden anschließend zerstreut und sind heute nicht mehr eindeutig identifizierbar. Kopf-Reliquiare der hessischen Heiligen gibt es inzwischen gleich mehrfach. Als gebrochener Mann kehrte Philipp 1552 heim. Seinen früheren Einfluss konnte er nicht wiedergewinnen und hat es auch gar nicht versucht. Sein Land teilte er unter seine vier Söhne aus der Ehe mit Christine auf. Margaretes Söhne wurden mit Ämtern abgefunden. Hessen hatte in der deutschen Politik dauerhaft an Gewicht verloren. Philipp starb am 31. März 1567 in Kassel und wurde in der dortigen Martinskirche begraben.

Bleibende Verdienste hat sich Philipp von Hessen auf dem Gebiet der Bildungspolitik erworben. Im Jahre 1527 gründete er als erste evangelische Hochschulgründung überhaupt die Universität Marburg, die seit dem 20. Jahrhundert auch seinen Namen trägt. Er verzichtete dabei auf päpstliche Privilegien, die er für eine evangelische Universität auch niemals erhalten hätte, und begnügte sich mit kaiserlichen, die er freilich auch erst 1541 erlangte. Der Standort Marburg wurde gewählt, weil die zentral gelegene Stadt seit 1524 als Sitz des Hofgerichts diente und damit auch zum geistigen Mittelpunkt des Landes geworden war. Finanziert wurde die Universität aus dem Besitz aufgelöster Klöster, und sie wurde auch in einem ehemaligen Kloster untergebracht.

Einer Universität bedurfte es, um die künftigen Pfarrer der Landgrafschaft auszubilden. Der Bildungsstand der vorreformatorischen Geistlichen war nämlich niedrig, weil die meisten keine Universitätsbildung genossen hatten. Ein Universitätsstudium für alle angehenden Pfarrer war zwar schon in der Mitte des 15. Jahrhunderts gefordert worden, doch die Wirklichkeit sah anders aus. Für die Reformation waren aber gebildete Pfarrer unabdingbar.

In Marburg wurden Medizin, Recht und Theologie, also alle damaligen Wissenschaften gelehrt. Die Sprachen und die Mathematik waren nach mittelalterlicher Sitte in das Grundstudium integriert. Natürlich wurde neben Latein auch Griechisch und Hebräisch gelehrt. Viele Professoren waren humanistisch geprägt, viele hatten in Wittenberg studiert. Das Wort Gottes sollte nach dem Willen Philipps die oberste Richtschnur für alle Wissenschaften sein. Bei einem Verstoß gegen diese Anordnung drohte den Professoren die Entlassung. Aber Philipp schrieb nicht nur mit seiner Universitätsgründung Geschichte, sondern auch mit der Schaffung eines bislang einzigartigen Stipendienwesens im Jahre 1529. Auch mittellosen begabten Studenten sollte so ein Studium ermöglicht werden. Von 1546 an lebten die Stipendiaten gemeinsam in einem eigenen Gebäude. Die Marburger Stipendiatenanstalt wurde zum Vorbild für das später gegründete, aber geschichtlich letztlich bedeutendere „Tübinger Stift". Beide Einrichtungen gibt es jedoch in gewandelter Form noch heute.

Nicht nur die hohe Bildung hatte der Landgraf im Blick. Er plante vielmehr, das ganze Land mit Bildungseinrichtungen auszustatten, wie es Luther in mehreren Reformschriften der 20er-Jahre vorgeschlagen hatte. In den Dörfern Hessens sollten die Geistlichen Elementarunterricht erteilen, und in allen größeren und kleineren Städten sollten Latein- oder Partikularschulen errichtet werden. Für die Mädchen sollte es nach Möglichkeit deutsche Schulen in Städten und Dörfern geben.

Franz von Waldeck

Die Reformation fand ihre Anhänger unter weltlichen Fürsten wie den sächsischen Kurfürsten oder dem hessischen Landgrafen. Nur selten entwickelten geistliche Fürsten eine Neigung zur Reformation. Ein Beispiel hierfür ist aber Franz von Waldeck.

Ein geistlicher Fürst ist ein Bischof, der neben und mit seiner kirchlichen Herrschaft in einem Bistum oder einer Diözese eine politische Herrschaft in einem Fürstbistum ausübt. Diese Verbindung geistlicher und weltlicher Herrschaft war eine Eigenart Deutschlands. Sie ging auf die Epoche der Ottonen im 10. Jahrhundert zurück und hatte bis zu Beginn des 19. Jahrhunderts Bestand. Der kirchliche und der politische Herrschaftsbereich, die Diözese und das Fürstbistum, waren dabei nicht etwa identisch, sondern unterschieden sich in ihrer Größe und in ihren Grenzen. Sach- und Interessenskonflikte waren zwangsläufig die Folge. Der Bischof durfte als Priester niemanden töten und hatte doch als Fürst Kriege zu führen und Hinrichtungen zu vollstrecken. Die politischen Interessen gingen in der Regel vor und belasteten die kirchliche Amtsführung.

Fürstbischöfe sympathisierten selten mit der Reformation, denn beim Anschluss an die Reformation gingen sie große Risiken ein und hatten nur wenig zu gewinnen. Ein weltlicher Herrscher konnte sich durch die Reformation eine Stärkung seiner Macht versprechen, weil das Kirchenwesen unter seine Hand gelangte, er sein Territorium vereinheitlichen und sich an den Schätzen der Kirche bereichern konnte. Ein Fürstbischof aber hatte die Kirche schon unter sich.

Neben dem schon erwähnten, von Bucer unterstützten Kölner Kurfürsten Hermann von Wied war der Bischof von Münster und Osnabrück Franz von Waldeck einer der wenigen geistlichen Fürsten, die mit der Reformation sympathisierten.

Franz war vermutlich im Jahre 1491 geboren worden und gehörte einem Grafengeschlecht an, das durch die Grenzlage seines Herrschaftsgebiets im nördlichen Hessen vielfach mit Westfalen verbunden war. Franz, als nachgeborener Sohn zum geistlichen Leben bestimmt, studierte zu Luthers Zeit in Erfurt sowie in Leipzig und wurde humanistisch geprägt. Im Jahre 1510 übernahm er als Domherr in Köln ein erstes geistliches Amt, weitere Ämter folgten in Trier und Paderborn. Ämterkumulationen mit der Folge ständiger Absenz waren damals keine Ausnahme, sondern die Regel bei Inhabern geistlicher Ämter. Ganz ähnlich war es ja auch bei Albrecht von Mainz. Gegen geringe Entlohnung ließ man die mit den Ämtern verbundenen Aufgaben durch Dritte erledigen und genoss die mit den Ämtern verbundenen Einnahmen. Franz häufte Amt an Amt. In Mainz wurde er Stiftsherr und in Einbeck Propst.

1521 nahm Franz am Reichstag zu Worms teil, und zwar als Begleiter seines Vetters Philipp IV. von Wildungen, dürfte Luther aber nicht persönlich begegnet sein. Philipp zählte schon wenig später zu den eifrigen Anhängern Luthers und gab 1525 den Anstoß für die Einführung der Reformation in Waldeck. Franz dagegen begegnete der neuen Lehre noch mit Ablehnung. In Einbeck, wo er von 1523 an lebte, wurde er mit Predigern konfrontiert, die ihr anhingen. In Lüttringhausen im Bergischen Land, das zu seinem Amtsbereich gehörte, schritt er gegen den reformatorisch gesinnten ehemaligen Konrektor der Lateinschule in Wesel Adolf Klarenbach ein. 1528 wurde dieser verhaftet und 1529 in Köln verbrannt.

1530 erlangte Franz ein erstes Bischofsamt im unbedeutenden Bistum Minden. Im Jahr darauf empfahl ihn Philipp von Hessen für den vakanten Stuhl des Trierer Erzbischofs und Kurfürsten, hatte damit jedoch keinen Erfolg. Unter seiner geschickten Einflussnahme erfolgte jedoch am 1. Juli 1532 die Wahl zum Bischof von Münster in Westfalen und am 11. Juli 1532 die Wahl zum Bischof von Osnabrück. Philipps Plan, Franz auch noch mit dem ebenfalls gerade vakanten Paderborner Bischofsamt auszustatten, scheiterte jedoch. Als Bischof von Minden, Münster und Osnabrück war Franz aber ein angesehener, einflussstarker und reicher Mann. Lutherische Neigungen hatte er wohl inzwischen, aber die persönliche Karriere stand für ihn im Vordergrund. Geistlich hat er seine Ämter nicht aufgefasst, was man daran ersehen kann, dass er sich erst 1540 zum Priester weihen ließ und erst 1541 die Bischofsweihe empfing. Möglicherweise war sein geheimes Ziel, eine Umwandlung seiner geistlichen Staaten in ein geschlossenes weltliches Territorium zu erreichen. Der evangelische Glaube wäre für ihn dann nur Mittel zum Zweck gewesen. Aber das war auch bei manchen anderen Landesherren nicht anders. Doch Franz versah auch adlige Studenten mit Empfehlungsbriefen und schickte sie zum Studium zu Luther nach Wittenberg. Das hätte er nicht gemacht, wenn er nicht überzeugt gewesen wäre, dass der Wittenberger Theologie die Zukunft gehörte.

Franz von Waldeck lebte seit dem Jahre 1523 mit einer Frau zusammen, Anna Polmann, der Tochter eines Leinwandhändlers aus Einbeck, und hatte mit ihr nachweislich acht Kinder. Außerdem hatte er noch ein Kind mit einer anderen, unbekannten Frau. Eine förmliche Ehe hat er nie geschlossen, jedoch war er im Jahre 1540 mit Philipp von Hessen im Gespräch über die Möglichkeit einer heimlichen Ehe. Doch er scheint auch diese Idee nicht weiterverfolgt zu haben. Er lebte entgegen seinem Keuschheitsversprechen im „Konkubinat", wie man die „wilde Ehe" damals nannte, und hatte diese Lebensform gemeinsam mit rund der Hälfte der ihm unterstehenden Priester seiner Diözesen. Mit Anna Polmann blieb Franz bis zu seinem Tod zusammen. Sie starb vier Jahre nach ihm. Zwei Söhne studierten später im evangelischen Marburg. Der Hauptwohnsitz der Familie war die zu Osnabrück gehörende Iburg. Dort verfügte Polmann über ein vom Bischofspalast getrenntes eigenes Haus.

Sowohl in Münster als auch in Osnabrück ließ Franz in den 30er Jahren die Reformation Fuß fassen. Bekannter als die Vorgänge in Osnabrück sind die Ereignisse in Münster. Unter dem Einfluss Philipps von Hessen fand er sich schon wenige Monate nach seiner Wahl bereit, dem Stadtrat die evangelische Predigt in sechs Pfarrkirchen zu gestatten, obwohl er sich bei seiner Wahl verpflichtet hatte, den alten Glauben zu schützen und die lutherische Lehre zu unterdrücken. Die Reformation fand in Münster rasch Zulauf, und verhängnisvoll wirkte sich aus, dass aus den Niederlanden geflohene Täufer in die Stadt kamen. Sie errichteten das „Täuferreich von Münster", eine theokratische Diktatur.

In Münster hatte die reformatorische Lehre von 1531 an durch Kaplan Bernhard Rothmann Fuß gefasst, der zuvor Straßburg besucht hatte. Zwei Jahre später wurde in den Münsteraner Kirchen fast nur noch evangelisch gepredigt. Bei der Neuwahl des Rats setzte sich eine lutherische Mehrheit durch. Aus den Niederlanden wanderten Täufer ein, die dort verfolgt wurden. In dieser Situation hatte noch einmal Straßburg Einfluss auf Münster. In Straßburg saß seit Sommer 1533 der bei den Niederländern bekannte Täuferführer Melchior Hoffman im Gefängnis, wo ihm Katharina Zell Besuche abstattete, und kündigte für 1534 das Ende der Zeiten an. Und er erklärte, Münster werde der zentrale Schauplatz der Ereignisse sein. Seine Botschaft stieß in Münster auf offene Ohren. Niederländische Anhänger Hoffmans riefen die Bevölkerung auf, sich taufen zu lassen. Rothmann leistete dem Aufruf Folge. Der Niederländer Jan Matthys, von Beruf Bäcker, forderte zur Vorbereitung der Endzeit die Ausrottung der Gottlosen. Jan Bockelson (Beukelsz) aus Leiden, von Beruf Schneider, wurde zum König ausgerufen.

Der oberste Stadtherr, der Bischof, konnte dem Treiben nun nicht länger zusehen. Im Februar 1534 begann Franz von Waldeck, unterstützt von Truppen Philipps von Hessen, die Stadt zu belagern. Der äußere Druck erzeugte im Innern eine Radikalisierung. In Vorwegnahme endzeitlicher Lebensformen wurden Gütergemeinschaft hergestellt und freizügige Sexualbeziehungen, die so genannte Vielweiberei, eingeführt. Ende Juni 1535 gelangten die Belagerer, geführt von Überläufern in die Stadt und richteten ein Blutbad an. Nahezu alle wehrfähigen Männer, rund 1500, wurden erschlagen. Franz rekatholisierte Münster – entgegen dem Versprechen, das er Philipp gegeben hatte – vollständig. Die Täuferführer wurden, sofern man ihrer lebendig habhaft werden konnte, monatelang gefoltert sowie zur Schau gestellt und schließlich mit glühenden Zangen zu Tode gemartert. Ihre Leichname wurden als abschreckendes Beispiel in Eisenkäfigen am Turm der Lambertikirche aufgehängt. Den im Prinzip friedfertigen Täuferbewegungen haben die Ereignisse von Münster stark geschadet.

Weniger dramatisch als die Vorgänge in Münster, aber kirchengeschichtlich bedeutsamer hinsichtlich ihrer langfristigen Folgen, waren die Ereignisse in Osnabrück, dem zweiten großen Bistum des Franz von Waldeck. Hier hatte die Reformation schon 1521 vorübergehend Fuß gefasst, als ein Ordensbruder Luthers, Gerhard Hecker, evangelisch zu predigen begann. Weitere Reformatoren, die in der Stadt wirkten, waren der schon als Blutzeuge erwähnte Adolf Klarenbach (1526) und Dietrich Buthmann (1532). Entscheidend wurde das Jahr 1543 und das Wirken von Hermann Bonnus in der Stadt, der, gebürtig aus dem nahen Quakenbrück, zuvor in Lübeck erfolgreich für die Reformation gewirkt hatte. Eine lutherische Kirchenordnung wurde eingeführt, und bald wurde in der Stadt nur noch lutherisch gepredigt. Luther und Melanchthon waren begeistert und schrieben Bonnus ermutigende Briefe. Als Lübeck Bonnus zurück rief, beschwor ihn Luther, zu bleiben und den reformationswilligen Bischof nicht im Stich zu lassen. Eine Besonderheit von Bonnus war, dass er sich um die Entwicklung einer evangelischen Form der Heiligenverehrung bemühte. Auch in Osnabrück sollte in maßvoller Form das Heiligengedenken weiter praktiziert werden. Die Klöster außerhalb der Stadt wurden nicht aufgelöst. Doch dann geriet die Entwicklung ins Stocken. Mit Sorge beobachtete Franz von Waldeck die bedrohliche Entwicklung in Köln. Er sondierte in alle Richtungen und nahm 1545 sogar an einem Bundestag der Schmalkaldener teil. 1546 meldete sich in Osnabrück die altgläubige Opposition wieder laut zu Wort. Franz von Waldeck wurde angeklagt und es drohte ihm wie dem Kölner Erzbischof die Exkommunikation. Einer Aufforderung des Papstes, in Rom zu erscheinen, leistete er nicht Folge. Am 12. Mai 1548 aber widerrief Franz von Waldeck offiziell alle reformatorischen Veränderungen. Nach dem Fürstenkrieg 1552 stellten sich dann konfessionell-paritätische Verhältnisse ein.

Die Reformation des Fürstbistums Osnabrück wurde nicht zu Ende geführt, konnte aber auch nicht mehr zurückgedrängt werden. Das Fürstbistum war und blieb konfessionell paritätisch, es gab in Stadt und Land evangelische und katholische Christen. Ja sogar im Osnabrücker Domkapitel, das den Bischof zu wählen hatte, saßen später bekennende Lutheraner. In der Folge wurden mehrfach evangelische Adlige gewählt. 1648, im Westfälischen Frieden, wurde der konfessionelle Wechsel in der Regentschaft des Fürstbistums als alternierende Sukzession zum Prinzip erhoben. Bis 1802 wechselten sich Lutheraner und Katholiken ab, wobei der Lutheraner immer aus dem Haus Braunschweig-Lüneburg kam. Osnabrück wurde dadurch zu einem wichtigen Mosaikstein frühneuzeitlicher Toleranzgeschichte.

Noch einmal anders als in Münster und in Osnabrück waren die Verhältnisse in Minden. Die Stadt war schon bevor Franz sein Bischofsamt antrat fest in evangelischer Hand. Seinem dritten, vergleichsweise unbedeutenden Bistum schenkte Franz nur wenig Aufmerksamkeit. Wenig Interesse hatte Franz auch an den Reichstagen. Nie nahm er persönlich teil. Er entsandte allerdings Beauftragte. Auch beim Trienter Konzil glänzte er mit Abwesenheit. Zur zweiten Verhandlungsphase entsandte er aber Vertreter.

Franz von Waldeck, eine schillernde, aber gerade darin nicht untypische Persönlichkeit der Reformationszeit, starb bei einem Jagdausflug am 16. Juli 1553 auf Burg Wolbeck bei Münster und wurde im Dom von Münster bestattet. Nach einer zeitgenössischen Quelle verschied er ohne Sterbesakramente als „echter Lutheraner und Sakramentierer". Andere Berichte jedoch wissen, er habe das Abendmahl noch einmal „mit Innigkeit und Demütigkeit" empfangen. Ob er es wie ein Vierteljahrhundert zuvor Friedrich der Weise in beiderlei Gestalt empfing und sich damit offen zur Reformation bekannte, ist nicht sicher.

Juden

Die Juden waren im späten Mittelalter wie in der Frühen Neuzeit eine weitgehend rechtlose Minderheit, von Vertreibungen bedroht, des Ritualmords, des Hostienfrevels und der Brunnenvergiftung beschuldigt. Ein Einschnitt war 1492 die Vertreibung aus Spanien, wo sich im Mittelalter ein vergleichsweise tolerantes Zusammenleben (convivencia) von Christen, Juden und Moslems entwickelt hatte. Sie weckte unter Juden messianische Erwartungen. Gegen getaufte Juden, die im Verdacht standen, weiterhin jüdisch zu leben, schritt die Inquisition ein, die im Hohen Mittelalter begründete kirchliche Behörde zur Verfolgung der Ketzer. Auch unter Karl V. kam es in Spanien zu tausenden und abertausenden von Inquisitionsverfahren. Viele endeten mit der öffentlichen Verbrennung der Angeklagten. Im 16. Jahrhundert wurde es zunehmend üblich, von Spaniern, die ein Amt übernehmen oder in einen Orden eintreten wollten, eine Bescheinigung über die „Reinheit des Blutes" zu verlangen, einen Nachweis, dass sie keine jüdischen Vorfahren hatten. Nicht viel besser sah es für die Juden in Rom aus. Papst Paul IV., der auch für das schon erwähnte Verbot des Talmuds verantwortlich war, ließ sie 1555 in einen abgeschlossenen, von hohen Mauern umgebenen Wohnbezirk einweisen. Das erste Getto war geschaffen.

Josel von Rosheim

Im späten Mittelalter waren Juden aus vielen Städten und Ländern Deutschlands vertrieben worden. Auch im Kurfürstentum Sachsen, dem Stammland der Reformation, lebten bereits seit 1432 keine Juden mehr. Ein Rückzugsgebiet für sie war das Elsass, wo kleine Adlige den jüdischen Gemeinden Schutz boten, weil sie wirtschaftlich und finanziell von ihnen profitierten. Hier wurde – vermutlich in der Reichsstadt Hagenau – um das Jahr 1478 Josel von Rosheim geboren, der eigentlich Josef ben Gerschon hieß und auch Joselmann gerufen, aber später nach dem Ort seines Wirkens, Rosheim im Elsass, benannt wurde. Er war Rabbiner und wirkte von 1510 an als Vorsteher der Judenschaft des Unterelsass. Vorübergehend, von 1529–1555, war er der religiöse und politische Führer der Juden in Deutschland und nannte sich, etwas eigenmächtig, deren „Befehlshaber". Er besuchte fast alle Reichstage, um für die Juden und ihre Interessen beim Kaiser und bei den Fürsten einzutreten, und unterhielt enge Beziehungen zu Karl V. Im Jahre 1540 wurde er allerdings vom Reichskammergericht zu einer Geldstrafe verurteilt, weil er sich in einer Eingabe als „Regierer der gemeinen Jüdischheit" bezeichnet hatte. Der Titel erweckte nämlich den Eindruck eines öffentlichen Amtes mit Entscheidungskompetenz, das ihm als Juden nicht zustand. Josel war sehr gebildet und verfasste ethische Kompendien, in denen er die spanisch-jüdische Moralphilosophie rezipierte. Er lässt sich deswegen dem Humanismus zurechnen und als jüdischen Humanisten bezeichnen. Ein Zentrum des jüdischen Humanismus in der Frühen Neuzeit war die Stadt Prag.

Josel begegnete dem Reformationsgeschehen zunächst mit Interesse und Wohlwollen. Mehrmals besuchte er in Straßburg die Predigten des Reformators Wolfgang Köpfel, mit Humanistennamen kurz Capito genannt, und zwar nicht, weil er erwog, Christ zu werden, sondern weil er sich für die Botschaft der Reformation interessierte. Außerdem standen sich die beiden persönlich nahe, denn sie stammten aus demselben Ort und waren beinahe zur gleichen Zeit geboren worden. Der schon mehrfach erwähnte Capito, der seit 1523 in Straßburg wirkte, war ein Hebraist vom Niveau Reuchlins. Er veröffentlichte biblische Kommentare, die auf dem hebräischen Urtext basierten und jüdisch-rabbinische Werke einbezogen, und hebräische Sprachlehren. Intensiv hat er sich in seiner wissenschaftlichen Arbeit mit dem Judentum beschäftigt, wahrte aber Distanz. Er sah das Judentum letztlich als eine auf der menschlichen Vernunft basierende und deswegen irrende Religion. Die Literatur der Juden enthielt seiner Auffassung nach Wahrheit, die von diesen aber nicht erkannt werde. Er glaubte an eine endzeitliche Judenbekehrung und an die Rückkehr der

Juden in das Heilige Land, wie er u. a. in seinem Hoseakommentar 1528 darlegte. Weil die Juden von einem gesegneten Stamm kämen, sollten die Christen sie nicht verfolgen, sondern sich ihrer erbarmen und sie freundlich behandeln. Direkte missionarische Bemühungen hat Capito nicht gefordert.

Begegnungen mit einem Reformator wie Capito vermittelten einem Juden also in der Tat ein freundliches Bild von der Reformation. Juden entdeckten deutliche Gemeinsamkeiten zwischen ihren religiösen Positionen und denen der Reformatoren. Dazu gehörten die Zentralstellung der Bibel im Gottesdienst, die Bibelauslegung nach dem Literalsinn, eine wortbetonte religiöse Praxis, das Gebet als zentrales Formelement der Frömmigkeit, die Ablehnung der Heiligenverehrung, die Bestreitung der Transsubstantiationslehre, die Verurteilung des Bilderkults und die Mündigsprechung der Laien. Auch die Entmachtung des privilegierten Klerikerstandes und die Distanzierung vom Mönchtum ließ die Reformation als judaisierende Form des Christentums erscheinen. Juden hegten die Erwartung, Christen würden sich nunmehr dem jüdischen Glauben anschließen, und Luther selbst schien Einzelnen ein heimlicher Jude zu sein. Eine Nähe zum Judentum wurde der Reformation auch von ihren Gegnern unterstellt. Verschiedene Altgläubige gaben den Juden sogar die Schuld an der Reformation und diffamierten Luther als Halbjuden.

Einige Juden verbanden mit der Reformation messianische Erwartungen und deuteten Luther als Wegbereiter des Messias, als den Messias ben Joseph, den kämpfenden Messias, den Vorläufer des Messias ben David. Josels Optimismus hinsichtlich der neuen Zeit spiegelte sich in einer 1530 dem Augsburger Reichstag vorgelegten Ordnung, einer Selbstverpflichtung der Juden in Wirtschaftsfragen, die er mit einem Appell an die Mitmenschlichkeit schloss: „Auch wir sind Menschen, von Gott dem Allmächtigen geschaffen, um auf Erden bei euch und mit euch zu leben." Die katholisch dominierte Reichsversammlung bestätigte 1530 den Schutz von „Leib und Leben" der Juden und sprach sich dagegen aus, sie zur Taufe zu drängen.

Im Umfeld des Augsburger Reichstags wurde Josel in einen heftigen Streit um ein Buch hineingezogen, das ein jüdischer Konvertit über den jüdischen Glauben geschrieben hatte. Im Jahre 1530 war in Augsburg das Buch „Der gantz Judisch glaub“ erschienen, verfasst von Anthonius Margaritha, einem 1522 in Wasserburg in Bayern zum Christentum übergetretenen Enkel eines Talmudgelehrten und Sohn des bedeutenden Regensburger Rabbiners Samuel Margolis. Geboren in den 90er Jahren des 15. Jahrhundert, wirkte Margaritha als Lektor des Hebräischen in Augsburg, später in Leipzig und in Wien. Gestorben ist er im Jahre 1542. In seinem Buch behandelte und kommentierte Margaritha ausführlich und kompetent jüdische Gebete und Zeremonien und gab damit einen wertvollen Einblick in das religiöse Leben des Judentums der Frühen Neuzeit. Der ehemalige Jude behauptete jedoch gleichzeitig, ähnlich wie dreiundzwanzig Jahre zuvor Pfefferkorn, seine früheren Glaubensgenossen verdammten Christus, wollten Christen von ihrem Glauben abbringen und die christlichen Obrigkeiten vernichten. Seine Vorwürfe verband er hauptsächlich mit dem Alenu-Gebet, das seit dem 14. Jahrhundert im aschkenasischen Ritus jeden Gottesdienst beschloss, und mit dem „Ketzersegen“ (Birkat HaMinim) im Achtzehnbittengebet. Das authentisch wirkende, humanistisch gebildete Leser ansprechende Werk erlebte einen reißenden Absatz. Schon 1530 erschien eine 2. Auflage, zwei weitere folgten 1531. Schon 1530 bekam der Kaiser Kenntnis von dem Buch. Sein Inhalt erzürnte Karl V. so, dass er von Josel von Rosheim verlangte, im Umfeld des Augsburger Reichstags Margarithas Anschuldigungen vor einer Kommission von Gelehrten zu widerlegen. Josel gelang es, die christlichen Gelehrten und den Kaiser zu überzeugen. Margaritha wurde darauf gefangen genommen und aus Augsburg verbannt.

Positiv für seinen Heimatort Rosheim konnte Josel in der Zeit des Bauernkrieges wirken. Die Aufständischen waren nicht nur kirchen-, sondern auch judenfeindlich eingestellt und plünderten nicht nur die Klöster, sondern auch die Wohnungen der Juden. Im April 1525 lagerte im Elsass ein 15.000 Mann starker Bauernhaufen und überfiel Stadt um Stadt. Einer der Anführer, Erasmus Gerber aus Molsheim, ließ dem in Rosheim weilenden Josel die Nachricht zukommen, die Bauern beabsichtigten, am nächsten Tag Rosheim anzugreifen. Was Gerber zu diesem Schritt veranlasste, ist nicht bekannt. Der Jude eilte zu den Bürgermeistern und warnte sie, und diese ließen darauf die Tore der Stadt fest verschließen. Der Überfall wurde vereitelt, aber ein neuer Angriff drohte. Da machte sich Josel auf den Weg zu den Bauern und verhandelte mit ihren Anführern. Gegen ein Geldgeschenk gaben ihm die Hauptleute das schriftliche Versprechen, die Stadt nicht zu überfallen. Gerber sagte auch zu, in Zukunft generell die Juden zu verschonen, was er jedoch bei den Aufständischen nicht durchsetzen konnte. Wenige Wochen später wurde Gerber gefangen und hingerichtet.

1537 wandte sich Josel, unterstützt von Capito und dem Rat Straßburgs, brieflich an Luther mit der Bitte, er möge beim sächsischen Kurfürsten, Luthers Landesherrn, für die Juden eintreten. Dieser hatte nämlich im Jahr zuvor, 1536, angeordnet, den Juden jeden Aufenthalt im Kurfürstentum, auch die Durchreise, zu verbieten. Luther lehnte ab und schrieb Josel einen zynisch-freundlichen Brief, in dem er überhaupt nicht auf das konkrete Anliegen einging, sondern die von Josel gar nicht angesprochene jüdische Position zur Messiasfrage zurückwies und mit umständlichen Worten erklärte, weil ein Gunsterweis seinerseits den Juden nur zur weiteren „Verstockung“ gereichen, sie also nur noch fester machen würde in ihrer Ablehnung Christi, sollten sie ihr Anliegen besser über andere Mittelsmänner vorbringen. Luther verweigerte also aus theologischen Gründen jede Unterstützung.

Mehr Erfolg hatte Josel in einer ähnlichen Angelegenheit bei Melanchthon, mit dem er 1539 in Frankfurt am Main am Rande eines Fürstentages ein Gespräch führte. Der Jude konnte erreichen, dass sich der Reformator für die Juden der Mark Brandenburg einsetzte und den Kurfürsten Joachim I. dazu bewog, dass die 1510 geschehenen Tötungen und die Vertreibung als unrechtmäßig erkannt und die Juden rehabilitiert und in Brandenburg wieder zugelassen wurden. Melanchthon und Josel hatten sich schon 1530 im Umfeld des Augsburger Reichstags kennen gelernt. Dort war Melanchthon auch an einem jüdisch-christlichen Religionsgespräch über Jes 53, das Lied vom stellvertretend leidenden Gottesknecht, beteiligt gewesen, das der Augsburger Reformator Urbanus Rhegius und der Prager Rabbiner Isaak Levi miteinander führten.

Mit seinem elsässischen Landsmann Bucer hatte Josel dagegen Streit. Bucer trat mit konkreten Vorschlägen zur Behandlung der Juden hervor. In den 30er Jahren beteiligte er sich in Hessen an der Diskussion um die jüdische Frage und empfahl dem Landesherrn Landgraf Philipp eine Judenordnung, in der den Juden der zwangsweise Besuch christlicher Predigten vorgeschrieben und der Neubau von Synagogen verboten wurde. Als Geldleiher und Händler sollten sie nicht arbeiten, sondern nur noch niedrige und schwere körperliche Arbeiten wie Holz hauen, Kohle brennen, und Kloaken reinigen ausführen dürfen. Philipp folgte Bucer in seiner Judenordnung von 1539 jedoch nicht. Er erwartete von den Juden, die weiter in Hessen leben wollten, lediglich eine ausdrückliche Distanzierung vom Talmud. Im Jahre 1539 veröffentlichte Bucer einen Traktat „Von den Juden“ und behauptete, die Juden würden gemeinsam mit den „Papisten“ und den Türken die Evangelischen verfolgen. Josel reagierte darauf mit einer „Trostschrift an seine Brüder wider Buceri Büchlin“.

Alles in allem war die Reformation, von Ausnahmen abgesehen, den Juden nicht freundlich gesinnt. Zufällig befand sich an Luthers Predigtkirche ein Ekel erregendes antijüdisches Spottbild, eine „Judensau“, das Juden zeigte, die an den Zitzen eines Schweins saugen, seinen After küssen und seinen Urin trinken (Abb. 8, S. 156). Das aus dem frühen 14. Jahrhundert stammende Bildhauerwerk, das an der Wittenberger Stadtkirche noch heute betrachtet werden kann und das in der Gestalt eines Kupferstiches auch in Druckschriften reproduziert wurde, stimulierte den Reformator zu Ausfällen gegen die „Saujuden“. Gegen Ende seines Lebens veröffentlichte Luther mehrere böse Schriften gegen die Juden und forderte die Niederbrennung der Synagogen, Vertreibung und Zwangsarbeit. Für Wittenberg selbst blieb das allerdings ohne Konsequenzen, da in der Stadt schon lange keine jüdische Gemeinde mehr existierte. Die Schweizer Reformatoren stellten solche Forderungen zwar nicht auf, waren aber auch nicht judenfreundlich eingestellt. Zu den großen Ausnahmen gehörte der Nürnberger Reformator Osiander, der mit seiner Intoleranz im Streit um das Nürnberger Klarakloster eine negative Rolle gespielt hatte. Gegenüber den Juden gebärdete er sich tolerant. Er bemühte sich um die hebräische Sprache, beschäftigte sich mit der Kabbala und mit jüdischen Auslegungen des Alten Testaments und hatte zu diesen jüdischen Traditionen ein durchaus positives Verhältnis. Er empfahl sogar, bei der Bibelauslegung mehr auf die Juden zu hören als auf die griechischen und lateinischen Kirchenväter. Er kümmerte sich um die Probleme von Juden in Nürnberg, zum Beispiel wenn Händler mit dem Gesetz in Konflikt kamen oder wenn Juden beabsichtigten, sich taufen zu lassen. Jüdischen Lehrern des Hebräischen hat er zum Aufenthalt in der Stadt verholfen und hat selbst bei einem Juden Unterricht genommen. Selbstverständlich glaubte Osiander an eine endzeitliche Bekehrung der Juden, und vielleicht war gerade dieser Glaube der tiefere Grund für sein judenfreundliches Verhalten.

Abb. 8: Antijudaismus im Bild:
Die Wittenberger „Judensau" (Kupferstich um 1600)

Osianders Interesse an den Juden und seine Sympathie ihnen gegenüber waren bekannt, und seine Gegner verdächtigten ihn deswegen, jüdischer Abstammung zu sein, wofür es jedoch keinerlei Anhaltspunkte gibt. Der Judenfreund geriet in den Verdacht, selbst Jude zu sein, und wer als Christ jüdischer Herkunft war, hatte mit dem Argwohn zu kämpfen, kein richtiger Christ zu sein.

Im Jahre 1540 erschien eine anonyme Schrift gegen die Blutbeschuldigung. Ihr Autor war Osiander. Sie enthielt ein bereits 1529, anlässlich einer in Pösing im damaligen Ungarn gegen Juden erhobenen Blutbeschuldigung ausgearbeitetes, die Juden in Schutz nehmendes Gutachten. In den Druck gegeben wurde es von Pfalzgraf Ottheinrich, für den Osiander das Privatgutachten erstellt hatte. Im Zusammenhang mit einer Blutbeschuldigung 1540 im bayerischen Titting in der Diözese Eichstätt übergaben die angeklagten Juden dem Bischof von Eichstätt zu ihrer Verteidigung diese Schrift. Als ihr Verfasser wurde schon damals Osiander vermutet, doch erst heute weiß man es sicher.

Osiander führte zwanzig Punkte gegen die Blutbeschuldigung ins Feld. Er verwies auf das alttestamentliche Tötungsverbot und auf die grundsätzliche Scheu der Juden vor Blut. Er erinnerte daran, dass generell nichts davon zu hören sei, dass Juden mordeten. Er stellte ferner die Frage, warum Juden Taten begehen sollten, die ihnen das ewige Leben, an das sie glaubten, kosten würden. Osiander wies außerdem darauf hin, dass die Folter kein geeignetes Mittel sei, die Wahrheit zu erfahren, da unter Folterqualen Menschen, die mit ihrer Tötung rechneten, alles sagen würden, was man von ihnen erwarte, nur um ihre Schmerzen zu beenden.

Gegen die projüdische Verteidigungsschrift, als deren Autor heute Osiander bekannt ist, erschien im Jahre 1541 eine Gegenschrift. Ihr Verfasser war Johann Eck, der altgläubige Humanist und Luther-Gegner aus Ingolstadt. Er gab sich in ihr als erbitterter Judenfeind, fordert die Unterdrückung der Juden durch Kennzeichnungspflicht und Kontaktverbot mit Christen sowie die Vernichtung des Talmuds und anderer jüdischer Schriften. Der Wucher solle ihnen verboten und das Anhören christlicher Predigten angeordnet werden. Selbstverständlich hielt er auch die Blutbeschuldigung für berechtigt.

Die Erwartungen der Juden an die Reformation wurden in vielerlei Hinsicht enttäuscht. Die evangelischen Kirchen erwiesen sich zum Bedauern vieler Juden nicht als judenfreundlicher als die alte Kirche. Als Luther 1546 gestorben war, wünschte ihm Josel, er möge „mit Seele und Leib“ in der Hölle schmachten, und während des Schmalkaldischen Kriegs 1546/47 beteten Juden wie Josel voller Enttäuschung für den Sieg des Kaisers und damit des alten Glaubens. Die Drucklegung von Luthers antijüdischen Schriften in Straßburg hatte Josel mit Erfolg verhindert. Um das Jahr 1554 ist Josel von Rosheim gestorben.

Eine wichtige, mit Josel und seiner Zeit bekannt machende Quelle sind die Memoiren, die er in den 40er Jahren verfasste. Um das Jahr 1544 begann er zu schreiben. Anlass war eine Ritualmordbeschuldigung in Würzburg, bei der er sich für die Angeklagten einsetzte. Er erinnerte sich an eine Ritualmordbeschuldigung in seiner Heimat, in Endingen, von der im Jahre 1477 seine Vorfahren betroffen waren, und er begann niederzuschreiben, was er von seinen Eltern gehört und was er selbst erlebt hatte. Die Memoiren Josels sind jedoch keine Autobiografie, sondern gleichen Annalen, da er Ereignisse der jüdischen Geschichte in Deutschland festhält, aber nur wenig von seinem eigenen Leben berichtet. Sie enden mit dem Jahre 1547. In vielen glücklichen Wendungen jener Jahre sieht er Gott am Werk. Ein weiteres von Josel verfasstes Buch war das „Buch des Erwerbs“ (Sefer ha-Mikneh), ein Erziehungs- und Moralbuch, aus dem die Juden Gewinn für ihre Lebensführung ziehen sollten. In bunter Mischung enthält es ethische und religionsphilosophische Traktate, Exegesen biblischer Texte und Interpretationen von Worten rabbinischer, insbesondere spanisch-jüdischer Gelehrter. Heftig polemisiert Josel gegen Juden, die zum Christentum konvertiert und also von ihrer Religion abgefallen sind.

Elias Levita

Als jüdischer Humanist bedeutender als Josel von Rosheim war Elias Levita, der eigentlich Elijahu ben Ascher ha-Levi hieß und kurz Bachur genannt wurde. Er stammte aus Ipsheim bei Nürnberg und war um 1468/69 geboren worden. Den größten Teil seines Lebens brachte er in Italien zu. Er lebte in Padua, Venedig und Rom. Die Juden in Nord- und Mittelitalien, im Italien der Renaissance, blieben von Vertreibungen verschont. Italienische Juristen wie Oldradus de Ponte im 14. und Alexander Tartagnus de Imola im 15. Jahrhundert vertraten die Auffassung, Vertreibungen seien nicht erlaubt, da auch den Juden gegenüber das Gebot der Nächstenliebe gelte. In Nord- und Mittelitalien gab es jüdische Magnaten im Bankwesen, und Juden hatten Anteil am gesellschaftlichen und geistigen Leben ihrer christlichen Umwelt, sogar der Universitätsbesuch war ihnen möglich. Es gab erfolgreiche jüdische Mediziner, und Juden engagierten sich – u. a. in Venedig – im Buchdruckwesen. Juden nahmen wie zuvor in Spanien eine Mittlertätigkeit zwischen der arabisch-antiken und der christlichen Kultur wahr.

Bachur verfasste grammatische, lexikalische, textkritische, exegetische und novellistisch-poetische Werke. Er beschäftigte sich kritisch mit der jüdischen Bibel und ihrer Überlieferung und lehrte – und bewies – entgegen der jüdischen Tradition, die hebräischen Akzent- und Vokalzeichen seien nicht wie behauptet uralt und stammten nicht einmal aus talmudischer Zeit. Seine 1538 in Venedig erschienene „Überlieferung der Massora“ (Sefer Massoret ha-Massoret) wurde noch 1772 von dem protestantischen Aufklärungstheologen Johann Salomo Semler rezipiert. Bachurs Erkenntnisse sollten sich jedoch lange Zeit nicht durchsetzen. Im 17. Jahrhundert vertraten große protestantische Bibelwissenschaftler wie Johannes Buxtorf und sein gleichnamiger Sohn in Basel uneingeschränkt die traditionelle Auffassung und behaupteten zur Absicherung des protestantischen Schriftprinzips sogar, jedes einzelne hebräische Akzent- und Vokalzeichen in der Bibel sei göttlich inspiriert.

In Venedig kooperierte Bachur mit dem christlichen Verleger Daniel Bomberg aus Flandern, einem anerkannten Spezialisten für hebräische Druckwerke, der für Juden und Christen gleichermaßen produzierte. In Rom lebte Bachur zehn Jahre lang im Hause des Kardinals Aegidius Antonini von Viterbo, des Ordensgenerals der Augustiner-Eremiten, der ihn für hebräische und kabbalistische Studien brauchte. Diesen Kardinal, der humanistisch gebildet und ein entschiedener Anhänger der Kirchenreform war, hatte auch Luther bei seiner Romreise 1510 im Auftrag seines Ordens besucht, allerdings bevor Bachur dort Quartier nahm. Auch später sollte Luther noch mehrfach mit dem Kardinal zu tun haben.

Weil Bachur als Kenner der hebräischen Literatur geschätzt und im Umgang mit Christen geübt war, wurde ihm auch ein

Lehrstuhl für die hebräische Sprache an der Universität Paris angeboten. Er lehnte jedoch ab. Vielerorts suchten die Universitäten im frühen 16. Jahrhundert hebräische Sprachlehrer und stellten dafür gerne getaufte Juden an, ja vereinzelt sogar religionstreue Juden. Auch in Wittenberg hatten mehrfach jüdische Konvertiten den Hebräischlehrstuhl inne, bis es genügend geborene Christen gab, die ausreichende Kenntnisse des Hebräischen besaßen.

1540/41 lebte Bachur in der kleinen, an sich unbekannten Reichsstadt Isny im Allgäu. Dort hatte die Reformation in den 20er Jahren Fuß gefasst und war in den 30er Jahren zum Durchbruch gekommen. 1531 schloss sich die Stadt dem Schmalkaldischen Bund an und verfügte die Einstellung der Messgottesdienste. 1535 hielt sich Bucer in der Stadt auf. Im Jahre 1537 wurde der ebenfalls aus Straßburg kommende Humanist Paul Fagius Pfarrer in Isny. Er war wie Capito, bei dem er gelernt hatte, an der hebräischen Sprache interessiert und meinte, sie könne den Christen für die Missionierung der Juden nützlich sein. Zusammen mit dem reichen Kaufmann Peter Buffler, einem entschiedenen Förderer der Reformation, betrieb er in seinem neuen Wirkungsort den Aufbau einer hebräischen Druckerei. Dafür brauchte er die Hilfe eines Juden, und er holte den Humanisten Elias Levita nach Isny.

Bachur half beim Aufbau der hebräischen Druckerei und ließ selbst mehrere eigene Werke sowie den Psalmenkommentar David Kimchis, eines großen mittelalterlichen Gelehrten, drucken. Wichtige Erstdrucke in westjiddischer Sprache sind Bachur zu verdanken und eine jidische Übersetzung des Psalters.

Obwohl Fagius zu den wenigen Humanisten gehörte, die sich für die Kooperation mit Juden interessierten, war auch er den Juden gegenüber grundsätzlich feindlich eingestellt. Er schätzte und lobte Levita über alle Maßen als Gelehrten und als Menschen, nicht aber als Juden. Mehrfach betonte Fagius, dass sich Levita von „den Juden“ in vielen Dingen unterscheide. Bachur wirkte nur kurze Zeit in Deutschland, und auch Fagius blieb Deutschland nicht mehr lange erhalten. Er übernahm 1549, wie Bucer vor der anhebenden Rekatholisierung fliehend, einen Lehrstuhl für das Alte Testament in Cambridge, wo er allerdings noch im selben Jahr verstarb, ohne dort auch nur eine einzige Vorlesung gehalten zu haben. Bachur starb im gleichen Jahr in Venedig.

Brieflich hatte Bachur auch Kontakt zu dem Nürnberger Reformator Osiander. Dieser distanzierte sich gegenüber dem Juden ausdrücklich von Luthers judenfeindlichen Schriften.

Künstler

Künstler unterstützten die Reformation. Die Reformation bediente sich aber auch der Kunst. Und die Reformation veränderte die Kunst. Dies gilt für die Musik, die Malerei und die Architektur.

Lukas Cranach

Lukas Cranach, das ist *ein* Name und *ein* Werk, aber das sind zwei Personen. Vater und Sohn trugen den gleichen Namen und arbeiteten im gleichen Stil. Die beiden Cranachs sind die bedeutendsten Künstler der Reformationszeit.

Lukas Cranach der Ältere wurde 1471/72 in Kronach geboren, und sein Herkunftsort wurde ihm zum Nachnamen, wie das auch bei Eck und Karlstadt sowie anderen Personen in der Frühen Neuzeit der Fall war, als die Namensführung noch nicht streng geregelt war. Der Kronacher Künstler, der zunächst in der väterlichen Werkstatt gelernt hatte, verbrachte nach Wanderschaft und Gesellenjahren die erste große Schaffensperiode seines Lebens 1501–1504 in Wien, wo er Kontakte zu Humanistenkreisen hatte. Sein erstes nachgewiesenes Werk ist die 1503 entstandene „Kreuzigung", die heute in der Alten Pinakothek in München hängt. Sie weist Charakteristika der Donauschule auf. Ferner verfolgte der junge Cranach die blühende Kunst in den Kunstzentren Bamberg und Nürnberg und verarbeitete später insbesondere Impulse, die er von Albrecht Dürer empfing, dem Bahnbrecher der Renaissancekunst in Deutschland. Cranach war sowohl Maler als auch Zeichner für den Holzschnitt und Kupferstecher.

1503/04 wurde Cranach vom sächsischen Kurfürsten nach Wittenberg gerufen. Er sollte ihm als fest und hoch besoldeter Hofmaler dienen. Unter anderem brauchte er ihn für die Ausstattung der neuen Schlosskirche. Aber auch in Torgau und in Lochau sowie in anderen Orten wurde er eingesetzt. Wahrscheinlich hatte Cranach schon vor seiner Wiener Zeit auf der nicht weit von Kronach entfernten Coburg gearbeitet, Luthers Quartier während des Augsburger Reichstags, und war so mit dem sächsischen Kurfürstenhaus erstmals in Kontakt gekommen.

In Wittenberg eröffnete der Künstler eine eigene Werkstatt und stellte Mitarbeiter an. Der erste Werkstattgehilfe findet 1507 Erwähnung. 1508 reiste der Künstler in die Niederlande und porträtierte den achtjährigen Karl, den späteren Kaiser. 1547 begegnete er ihm erneut nach der Schlacht von Mühlberg und bat ihn für seinen gefangen genommenen Landesherrn um Gnade. Um 1512/13 heiratete er die Tochter eines Ratsherrn aus Gotha, Barbara Brengbier. Bei der Taufe der Tochter Anna 1520 stand Luther Pate, und als Luther 1525 heiratete, fungierte Cranach als Trauzeuge. 1526 wurde Cranach Pate von Luthers erstem Sohn.

1509/10 erschien in Wittenberg der mit weit über hundert Holzschnitten Cranachs geschmückte Katalog der damals 5005 Reliquien-Partikel der Schlosskirche, das so genannte Wittenberger Heiltumsbuch. Unter den ersten Wittenberger Malereien von Bedeutung befindet sich eine 1516 geschaffene Tafel, auf der die Zehn Gebote veranschaulicht werden. Dabei zeigen Engel und Teufel dem Betrachter an, welche der auf den Bildern dargestellten Verhaltensweisen gut und welche schlecht sind. Das Bild wurde für die Gerichtsstube im Wittenberger Rathaus gemacht. Es könnte Luthers Predigten über die Zehn Gebote, 1516/17 gehalten, inspiriert und seine 1518 erschienene „Kurze Erklärung der Zehn Gebote“ beeinflusst haben.

Cranach malte von Anfang an ausdrucksstarke Gesichter. Er hatte Interesse für die Eigenheiten des einzelnen Menschen und strebte danach, Menschen, Tiere und Pflanzen naturgetreu abzubilden. Häufig wurden Zeitgenossen mit einbezogen. Darin erwies er sich als Künstler der Renaissance, und dadurch wurde er zu einem beliebten Porträtmaler. Anders als zum Beispiel Dürer hat sich Cranach allerdings nie selbst porträtiert, sondern sich nur als Assistenzfigur innerhalb religiöser Szenen abgebildet.

Zunächst arbeitete Cranach nur für den Fürsten. Von 1519 an stellte er sich aber auch in den Dienst der Reformation. Entscheidend dafür war, dass die Reformation Luthers nicht wie die Reformationen Zwinglis, der Täufer und Calvins bilderfeindlich war. Das alttestamentliche Bilderverbot hat Luther nicht wörtlich verstanden, weil sich Gott ja in Jesus Christus selbst ein Bild geschaffen hatte. In Luthers Stube hing noch 1532 ein vermutlich von Cranach gemaltes Bild der Muttergottes mit Kind. Auch Bilder in Kirchen waren für Luther nicht als solche schlecht, es mussten nur die richtigen sein. Statt Heiligenbildern sollten biblische Szenen gemalt werden. Und ganz besondere Bedeutung hatte die Abbildung Jesu Christi am Kreuz, da Luther im Tod des Sohnes das Heil der Menschen verbürgt sah. 1518 zierte ein Titelholzschnitt Cranachs die von Luther herausgegebene „Theologia deutsch".

Cranach porträtierte die Wittenberger Reformatoren und fertigte, die spätmittelalterliche Tradition der Gedankenbilder fortführend, Programm-, Merk- und Lehrbilder der Reformation an, die reformatorische Theologie im Bild präsentierten. Dazu gehörten Doppelbilder, die das Richtige und das Falsche einander gegenüber stellten. Das 1521 erschienene „Passional Christi und Antichristi" war mit dreizehn antithetischen Bilderpaaren ausgestattet, die den anspruchslos-demütigen Lebenslauf Christi dem weltlich-prunkvollen Zeremoniell und Machtanspruch der römischen Kurie gegenüber stellten. Es war die erste reformatorische Bildkampfschrift. 1529 brachte Cranach einen Holzschnitt heraus, der erstmals den Sündenfall und die Erlösung nebeneinander stellte und so Luthers Gegenüberstellung von Gesetz und Evangelium und die reformatorische Rechtfertigungslehre abbildete. In vielen anderen Werken hat er dieses für die Reformation zentrale Thema wieder und immer wieder aufgegriffen. Hinzu kamen Spottbilder gegen das Papsttum.

Doch nicht nur mit ausgesprochenen Lehrbildern wirkte Cranach im Sinne der Reformation, sondern auch andere, auf den ersten Blick unverfängliche Bilder trugen reformatorische Überzeugungen in sich, so die zahlreichen Darstellungen der Melancholie, Paulus-Bilder und die Abbildungen des Sündenfalls.

Das erste Luther-Bild entstand 1520 (Abb. 1, S. 31). Der Kupferstich zeigt einen ernsten und energischen Mönch. Von dem Bild wurden einige Abzüge hergestellt, es wurde aber – wahrscheinlich weil es zu authentisch und deshalb für Luther-Werbung zu wenig geeignet war – nicht weiter verbreitet. Noch im gleichen Jahr zeichnete Cranach einen gefälligeren, wie ein Heiliger in einer Rundbogennische platzierten Luther, der weite Verbreitung fand. Luther als Gelehrter mit dem Doktorhut und Luther als „Junker Jörg" folgten. Wegen der starken Nachfrage nach Bildern des Reformators wendete Cranach ab 1528 ein Pausverfahren an, bei dem die Vorlage durch Nadelstiche übertragen wurde. So ließen sich die benötigten Bilder schnell herstellen und preiswert auf den Markt bringen. Luther wurde in allen Phasen seines Lebens, zuletzt 1546 (Abb. 3, S. 38) porträtiert.

Am weitesten verbreitet wurden die von Cranach geschaffenen Bibelillustrationen. Schon 1522 stellte er einundzwanzig Holzschnitte für das neu übersetzte Neue Testament zur Verfügung, die allesamt die Apokalypse illustrierten. Cranach war auch gemeinsam mit dem schon als Gönner Müntzers erwähnten Döring der Verleger des „Septembertestaments". Das Geschäft lief gut. Der Erstdruck mit etwa 3000–5000 Exemplaren war so schnell vergriffen, dass bereits im Dezember die zweite Auflage erscheinen konnte. Als Drucker fungierte Melchior Lotter d. J. Er arbeitete im Hause Cranachs.

Cranachs künstlerische Parteinahme für die Reformation hatte auch eine praktische Seite. Er verfügte über sehr gute Beziehungen zum Kurfürsten und war deshalb vermutlich mit ausschlaggebend dafür, dass Friedrich der Weise den „aufrührerischen Mönch" duldete, ja schützte.

Cranachs Wittenberger Werkstatt wuchs im Laufe der Jahre zu einem Großunternehmen an. Im Jahre 1512 begann er ein stattliches, die anderen Häuser überragendes Gebäude mit einem schönen Innenhof und Seitentrakten aufzurichten, das nach seiner Fertigstellung 84 heizbare Stuben und 16 Küchen enthielt. Das größte Wittenberger Privathaus überhaupt wird bis heute Cranachhaus genannt. 1523–1525 lebte hier vermutlich auch Katharina von Bora. Im Jahre 1528 besaß Cranach schließlich sechs Häuser in Wittenberg und war neben dem Kanzler Gregor Brück der reichste Einwohner der Stadt. Seinen Reichtum hat er sich allerdings nicht nur durch die Malerei erworben. Er war auch Kaufmann, betrieb mit kurfürstlicher Erlaubnis seit 1520 eine Apotheke und handelte mit Arzneien, Sandsteinen, Farben, Gewürzen und nicht zuletzt mit Wein. Selbst als Drucker und Verleger hat er sich betätigt. Auch in der Stadt kam Cranach zu Bedeutung. 1519–1545 war er Mitglied des Rats, und für drei Perioden – 1537/38, 1540/41 und 1543/44 – amtierte er als Bürgermeister.

Angesichts dieses Engagements für die Reformation mag es verwundern, dass Cranach auch Aufträge Albrechts von Mainz annahm. Im Jahre 1523 lieferte er annähernd 180 Gemälde für dessen neuerbaute fürstbischöfliche Residenz in Halle und das angegliederte Stift. Auch der heute noch in der Hallenser Marktkirche zu sehende Wandelaltar, der u. a. Albrecht als Anbeter Mariens und ihres göttlichen Kindes zeigt, stammt aus den Cranach-Werkstätten. Er wurde 1529 geschaffen und 1539/40 in der Marktkirche aufgestellt. Ferner schuf Cranach 1534 einen Altar für Herzog Georg von Sachsen, einen von Luthers heftigsten Widersachern. Cranach war Künstler und Geschäftsmann, nicht Theologe, und er lebte in einer von Widersprüchen geprägten Umbruchszeit, wo kaum jemand immer eindeutig und geradlinig handelte, wie auch an anderen Gestalten deutlich geworden ist.

Zeitlebens eng war die Bindung Cranachs an das sächsische Kurfürstenhaus. Von ihm stammen die großen Porträts aller drei sächsischen Reformationsfürsten, darunter auch berühmte Triptycha, die alle auf einem Bild zeigen und von denen eines heute auf der Wartburg zu sehen ist. Nach der Gefangennahme von Johann Friedrich dem Großmütigen folgte er ihm 1550 nach Augsburg, wo er ein eindrucksvolles Porträt Karls V. anfertigte, und nach Johann Friedrichs Freilassung 1552 ging er mit ihm nach Weimar. Dort starb Cranach am 16. Oktober 1553.

An der Seite Lukas Cranachs wirkte sein am 4. Oktober 1515 in Wittenberg geborener Sohn Lukas Cranach und trat 1550 beim Weggang des Vaters dessen künstlerisches Erbe an. Unter anderem vollendete er den vom Vater begonnenen Reformatorenaltar, der noch heute in der Wittenberger Stadtkirche steht und als eines der bedeutendsten Kunstwerke der Reformation anzusehen ist. Auf der Pedella ist Luther dargestellt, wie er als

Prediger die Gemeinde auf den gekreuzigten Christus hinweist. In der Mitte des Altargemäldes wird die Einsetzung des Abendmahls durch Jesus gezeigt. Die zentrale Bedeutung des Abendmahls für lutherische Kirchen wird damit hervorgehoben. Im linken Altarflügel wird die Taufe dargestellt als das in lutherischen Kirchen neben dem Abendmahl gültige Sakrament. Der Täufer, es ist Melanchthon, der allerdings nie getauft hat, gießt dreimal Wasser über den Rücken des Kindes. Das Untertauchen war also in Wittenberg bereits nicht mehr üblich. Auf der rechten Altartafel wird die Beichte dargestellt. Luther hatte 1520 erwogen, die Buße und die mit ihr verbundene Beichte neben Taufe und Abendmahl weiter als Sakrament gelten zu lassen. Doch da der Beichte das für ein Sakrament erforderliche äußere Zeichen fehlte und man sie auch als Aktualisierung der Taufe interpretieren konnte, wurde sie in den evangelischen Kirchen aus der Reihe der Sakramente gestrichen. Wichtig war sie in lutherischen Kirchen dennoch und wurde bis in das 18. Jahrhundert hinein gepflegt. Daran erinnern die alten Beichtstühle, die in manchen lutherischen Kirchen, zum Beispiel in der Wittenberger Stadtkirche und in der Nürnberger Lorenz-Kirche noch heute stehen. Das Luthertum hielt an der Beichte fest, allerdings nicht an der Pflichtbeichte und nicht an der Anforderung, dabei alle Sünden im Einzelnen aufzuzählen. In den zahlreichen, auf dem Reformatorenaltar abgebildeten Personen sind Wittenberger Bürger und Bürgerinnen zu erkennen, darunter Katharina von Bora und Lukas Cranach d. Ä.

Von 1549 an bis zu seinem Tod war auch der jüngere Cranach Mitglied des Wittenberger Rats, 1565 überdies Bürgermeister. Am 27. Januar 1586 ist Lukas Cranach d. J. in Wittenberg verstorben.

Die Cranach-Schule lieferte Massenware. Der Bedarf an Bildern war im Bereich der lutherischen Kirchen groß. Es gab keine Scheu, sogar Bilder von Luther und Melanchthon in den Kirchen aufzuhängen, als ob sie die neuen, evangelischen Heiligen wären. Freilich wurden diese Bilder von den Gläubigen nur betrachtet, nicht aber verehrt oder gar angebetet.

Abb. 9: Polemisches Lehrbild:
Evangelischer Gottesdienst und katholische Höllenkirche

Ein von Lukas Cranach d. J. um 1547 geschaffener Einblattholzschnitt stellt die evangelische und die katholische Kirche einander gegenüber (Abb. 9, S. 168). In der Mitte des Bildes steht ein evangelischer Prediger – er trägt das Antlitz Luthers – auf seiner Kanzel, die von Darstellungen der vier Evangelisten geziert wird. Vor sich hat er die geöffnete Bibel liegen. Er zeigt auf den gekreuzigten Christus. Dieser ist das Lamm Gottes, das die Sünden der Welt trägt und den Tod überwindet (vgl. Joh 1,29). Letzteres wird symbolisiert durch ein Lamm mit Kreuz und Siegesfahne auf dem Altar. Den Gläubigen wird von zwei Pfarrern das Abendmahl gereicht, selbstverständlich in beiderlei Gestalt, als Brot und Wein. Predigt und Abendmahlsfeier sind also die beiden zentralen Elemente des evangelischen Gottesdienstes. An ihnen erkennt man, so sagte es schon die Confessio Augustana, wo die wahre Kirche zu finden ist. Gleichzeitig zeigt das Bild Details der damals in lutherischen Gemeinden üblichen Bräuche. Männer und Frauen sind streng getrennt. Zu erkennen ist die damals unter ehrbaren Bürgern beim Gottesdienstbesuch getragene Kleidung. Das Abendmahl wird kniend empfangen. Das Brot wird den Kommunikanten vom Pfarrer auf die Zunge gelegt. Der Kelch wird ihnen ebenfalls vom Pfarrer gereicht. Der in evangelischen Kirchen erlaubte Bilderschmuck ist zu sehen: Darstellungen der Evangelisten und des Gekreuzigten.

Ganz anders sieht die katholische Kirche aus, rechts im Bild. Ein dichter Haufen von Klerikern ist abgebildet, Mönche, Bischöfe und Kardinäle, wie sie die verwendeten Kleidungsstücke ausweisen. Die alte Kirche war an ihren Amtsträgern und an ihren hierarchischen Strukturen zu erkennen. Diese andere kirchliche Wirklichkeit wird nun aber nicht neutral dargestellt, sondern sie wird durch Feuerflammen gerahmt und über einem geöffneten Höllenrachen abgebildet, von dem sie sozusagen verschlungen wird. Alle miteinander sind die Abgebildeten dem Untergang, dem Verderben geweiht. Zusätzlich unterstrichen wird dieses Urteil auch noch durch Teufelsgetier, das sich um und zwischen den Klerikern bewegt. Die Botschaft des Bildes ist klar, auch für Menschen, die nicht lesen können.

Reformatorische Botschaft im Bild – das war die Aufgabe, der sich Cranach Vater und Cranach Sohn gestellt haben. Verteufelung der Andersgläubigen? – ja, aber genau betrachtet spricht der Prediger gerade die dem Untergang Geweihten an und macht sie auf den Gekreuzigten aufmerksam: Jesus Christus ist die Rettung, auch für euch! Nicht die Rechtfertigung der Frommen, sondern die Rechtfertigung der Gottlosen war der Dreh- und Angelpunkt der reformatorischen Lehre.

Zeittafel

1505	Luthers Klostereintritt
1517	**Luthers Thesen**
1518	Heidelberger Disputation
1519	Zwingli Pfarrer in Zürich, Leipziger Disputation
1520	Luthers reformatorische Hauptschriften
1521	**Reichstag in Worms**
1522	Fastenbruch in Zürich
1523	1. und 2. Zürcher Disputation
1524	Reformation in Hessen
1525	Bauernkrieg
1526	Badener Disputation
1529	Protestation von Speyer, Marburger Religionsgespräch
1530	**Augsburger Reichstag und Confessio Augustana**
1531	Tod Zwinglis
1534	Reformation in Württemberg
1535	Ende des Wiedertäuferreichs von Münster
1541	Regensburger Religionsgespräch
1543	Reformation in Osnabrück
1545–1564	**Konzil von Trient**
1546	Tod Luthers
1546/47	**Schmalkaldischer Krieg**
1548	Augsburger Interim
1552	Passauer Vertrag
1555	**Augsburger Religionsfriede**
1560	Tod Melanchthons
1564	Tod Calvins

Literatur

Augustijn, Cornelis: Erasmus von Rotterdam: Leben, Werk, Wirkung. Marga E. Baumer (Übers.). München 1986.

Bainton, Roland H[erbert]: Erasmus: Reformer zwischen den Fronten: 10 Porträts. Elisabeth Langerbeck (Übers.). Göttingen 1972.

Bainton, Roland H[erbert]: Frauen der Reformation: Von Katharina von Bora bis Anna Zwingli. Marion Obitz (Übers.). Gütersloh [3]1996.

Behr, Hans-Joachim: Franz von Waldeck: Fürstbischof zu Münster und Osnabrück, Administrator zu Minden (1491–1553): Sein Leben in seiner Zeit. Bd. 1: Darstellung; Bd. 2: Urkunden und Akten. Münster/ Westf. 1996; 1998 (Veröffentlichungen der Historischen Kommission für Westfalen 18) (Westfälische Biographien 9).

Bergsten, Torsten: Balthasar Hubmaier: Seine Stellung zu Reformation und Täufertum 1521–1528. Kassel 1961 (Acta Universitatis Upsaliensis 3) (Studia Historico-Ecclesiastica Upsaliensia).

Beutel, Albrecht (Hg.): Luther-Handbuch. Tübingen 2005 (Theologen-Handbücher).

Brecht, Martin: Luther. [Bd. 1]: Sein Weg zur Reformation: 1483–1521; Bd. 2: Ordnung und Abgrenzung der Reformation: 1521–1532; Bd. 3: Die Erhaltung der Kirche: 1532–1546. Stuttgart [2]1983; 1986; 1987 (SA 1994).

Cahill, Richard Andrew: Philipp of Hesse and the Reformation. Mainz 2001 (Veröffentlichungen des Instituts für Europäische Geschichte Mainz, Abteilung für Abendländische Religionsgeschichte 180).

Detmers, Achim: Reformation und Judentum: Israel-Lehren und Einstellungen zum Judentum von Luther bis zum frühen Calvin. Stuttgart 2001 (Judentum und Christentum 7).

Deutsche Geschichte in Quellen und Darstellung. Bd. 3: Reformationszeit 1495–1555. Ulrich Köpf (Hg.). Stuttgart 2001 (Universal-Bibliothek 17003).

Ehrenpreis, Stefan; Lotz-Heumann, Ute: Reformation und konfessionelles Zeitalter. Darmstadt 2002 (Kontroversen um die Geschichte).

Franz, Günther: Der deutsche Bauernkrieg: [Bd. 1]: [Hauptband]. 12., gegenüber der 11. unver. Aufl. Darmstadt 1984.

Gäbler, Ulrich: Huldrych Zwingli: Eine Einführung in sein Leben und sein Werk. Martin Sallmann (Nachw.; Literaturnachträge). Zürich 2004.

Geiger, Ludwig: Johann Reuchlin: Sein Leben und seine Werke. (Nachdr. der Ausg. Leipzig 1871). Nieuwkoop 1964.

Gestalten der Kirchengeschichte. Martin Greschat (Hg.). Bd. 5: Die Reformationszeit 1; Bd. 6: Die Reformationszeit 2. Stuttgart 1981.

Goertz, Hans-Jürgen: Thomas Müntzer: Mystiker, Apokalyptiker, Revolutionär. München 1989.

Gotthard, Axel: Der Augsburger Religionsfrieden. Münster/Westf. 2004 (Reformationsgeschichtliche Studien und Texte 148).

Gräter, Carlheinz: Ulrich von Hutten: Ein Lebensbild. Stuttgart 1988.

Greschat, Martin: Martin Bucer: Ein Reformator und seine Zeit. München 1990.

Jedin, Hubert: Geschichte des Konzils von Trient. Bd. 1: Der Kampf um das Konzil; Bd. 2: Die erste Trienter Tagungsperiode 1545/47; Bd. 3: Bologneser Tagung (1547/48); Zweite Trienter Tagungsperiode (1551/52); Bd. 4: Dritte Tagungsperiode und Abschluß. Teil 1: Frankreich und der neue Anfang in Trient bis zum Tode der Legaten Gonzaga und Seripando; Teil 2: Überwindung der Krise durch Morone, Schließung und Bestätigung. Freiburg i.Br. [3]1977; [2]1978; 1970; 1975.

Jung, Martin H./Walter, Peter (Hg.): Theologen des 16. Jahrhunderts: Humanismus, Reformation, Katholische Erneuerung: Eine Einführung. Darmstadt 2002.

Jung, Martin H.: Nonnen, Prophetinnen, Kirchenmütter: Kirchen- und frömmigkeitsgeschichtliche Studien zu Frauen der Reformationszeit. Leipzig 2002.

Kirchen- und Theologiegeschichte in Quellen: Ein Arbeitsbuch. Bd. 3: Reformation. Volker Leppin (Bearb.). [Völlig neu bearb. Aufl.]. Neukirchen-Vluyn 2005.

Koepplin, Dieter; Falk, Tilman: Lukas Cranach: Gemälde, Zeichnungen, Druckgraphik. Bd. 1; Bd. 2. Basel [2]1974 ; 1976.

Krabbel, Gerta: Caritas Pirckheimer: Ein Lebensbild aus der Zeit der Reformation. Münster/Westf. [5]1982 (Katholisches Leben und Kämpfen 7).

Kroker, Ernst: Katharina von Bora: Martin Luthers Frau: Ein Lebens- und Charakterbild. Berlin [16]1983.

Leppin, Volker: Martin Luther. Darmstadt 2006.

Ludolphy, Ingetraut: Friedrich der Weise: Kurfürst von Sachsen: 1463–1525. (ND Göttingen 1984). Leipzig 2007.

McKee, Elsie Anne: Katharina Schütz Zell. Bd. 1: The Life and Thought of a Sixteenth-Century Reformer; Bd. 2: The Writings: A Critical Edition. Leiden 1999 (Studies in Medieval and Reformation Thought 69).

Pastor, Ludwig: Geschichte der Päpste seit dem Ausgang des Mittelalters. Mit Benutzung des päpstlichen Geheim-Archivs und vieler anderer Archive bearbeitet. Bd. 4: Geschichte der Päpste im Zeitalter der Renaissance und der Glaubensspaltung von der Wahl Leos X. bis zum Tode Klemens' VII. (1513–1534.). T. 1: Leo X. Freiburg i.Br. 1906.

Rabe, Horst: Reich und Glaubensspaltung: Deutschland 1500–1600. München 1989 (Neue Deutsche Geschichte 4).

Scheible, Heinz: Melanchthon: Eine Biographie. München 1997.

Schulin, Ernst: Kaiser Karl V.: Geschichte eines übergroßen Wirkungsbereiches. Stuttgart 1999.

Schwarz, Reinhard: Luther. Göttingen [3]2004.

Seebaß, Gottfried: Spätmittelalter, Reformation, Konfessionalisierung. Stuttgart 2006 (Geschichte des Christentums 3) (Theologische Wissenschaft 7).

Spijker, Willem van't: Calvin: Biographie und Theologie. Hinrich Stoevesandt (Übers.). Göttingen 2001 (Die Kirche in ihrer Geschichte 3, J 2).

Stern, Selma: Josel von Rosheim: Befehlshaber der Judenschaft im Heiligen Römischen Reich Deutscher Nation. (Repr. der Ausg. München 1959). München [1973] (Veröffentlichung des Leo-Baeck-Instituts).

Weil, Gérard E[mmanuel]: Élie Lévita: Humaniste et Massorète: (1469–1549). Leiden 1963 (Studia Post-Biblica 7).

Wiedemann, Theodor: Dr. Johann Eck, Professor der Theologie an der Universität Ingolstadt: Eine Monographie. Regensburg 1865.

Register

Personen

Fett gedruckt sind Personen, die in eigenen Kapiteln behandelt werden, und die zu diesen Kapiteln gehörenden Seiten.

Orte

Sachen

Bildnachweise

Abb. 1: Kupferstich, Lukas Cranach d. Ä., 1520 (Stiftung Luthergedenkstätten in Sachsen Anhalt)

Abb. 2: Holzschnitt aus: Ain anzaigung wie D. Martinus Luther zu Wurms auff dem Reichs tag eingefaren durch K. M. Jn aygner person verhört vnd mit jm darauff gehandelt. Augsburg: Melchior Ramminger, 1521, Titelblatt (Privatsammlung Martin H. Jung)

Abb. 3: Holzschnitt, Lukas Cranach d. J., 1546 (Stiftung Luthergedenkstätten in Sachsen Anhalt)

Abb. 4: Holzschnitt aus: Das hond zwen schweytzer bauren gemacht. Fürwar sy hond es wol betracht. [Zürich: Christoph Froschauer], 1521, Titelblatt (Privatsammlung Martin H. Jung)

Abb. 5: Federzeichnung, Lukas Cranach d. Ä., vor 1525? (Germanisches Nationalmuseum Nürnberg, Hz 4 Kaps 1010, Ausschnitt)

Abb. 6: Holzschnitt aus: Ayn bezwungene antwort vber eynen Sendtbrieff / eyner Closter nunnen / an jr schwester imm Eelichen standt zuogreschickt / darinn sy jr vil vergebner vnnützer sorg fürhelt / vnn jre gaistliche weißheit vnn gemalte hayligkait zuo menschlichem gesicht aff mutzet [Nürnberg: Hieronymus Höltzel], 1524, Titelblatt (Privatsammlung Martin H. Jung)

Abb. 7: Holzschnitt aus: Wye ein Christliche fraw des adels / in Beyern durch iren / in Gotlicher schrifft / wolgegrundtenn Sendbrieffe / die hohenschul zu Jngoldstat / vmb das sie eynen Euangelischen Jungling / zu widersprechung des wort Gottes / betrangt haben / straffet. […]. [Erfurt: Maler], 1523, Titelblatt (Privatsammlung Martin H. Jung)

Abb. 8: Kupferstich aus: Johann Wolfius: Lectionum memorabilium et reconditarum centenarii XVI. Bd. 1–2. Lauingen: Rheinmichel 1600, Bd. 2, 1031 (Privatsammlung Martin H. Jung)

Abb. 9: Holzschnitt, Lukas Cranach d. J., um 1547 (Kupferstich-Kabinett, Staatliche Kunstsammlung Dresden)